大学生心理健康体验教程

DAXUESHENG XINLI JIANKANG TIYAN JIAOCHENG

主　编　宋晓丽

副主编　张　敏　宋　玲　牛　洁

张婷婷　马　皓

西安电子科技大学出版社

内 容 简 介

本书分为 8 个项目、16 个任务，主要内容包括心理健康的基本概念、自我认识、终身学习、情绪稳定、人际和谐、亲密关系、危机干预与生命教育、家庭互动模式与代际传递突破。每一个项目都精心设计，且内容层层递进，涵盖了心理学的基本概念、理论和研究成果，为大学生保持心理健康提供了坚实的理论基础。

本书不仅可以作为各类高等院校、高职高专院校"大学生心理健康教育"课程的教材，也可作为大学生遇到心理问题时寻求解决方案的参考读本。

图书在版编目（CIP）数据

大学生心理健康体验教程 / 宋晓丽主编. -- 西安 ：西安电子科技大学出版社, 2025. 9. -- ISBN 978-7-5606-7822-1

Ⅰ. G444

中国国家版本馆 CIP 数据核字第 2025TJ3982 号

策　　划　年丽莎
责任编辑　于文平
出版发行　西安电子科技大学出版社（西安市太白南路 2 号）
电　　话　（029）88202421　88201467　　　邮　　编　710071
网　　址　www.xduph.com　　　　　　　　电子邮箱　xdupfxb001@163.com
经　　销　新华书店
印刷单位　陕西天意印务有限责任公司
版　　次　2025 年 9 月第 1 版　　　　　2025 年 9 月第 1 次印刷
开　　本　787 毫米×1092 毫米　1/16　　　印　　张　12
字　　数　293 千字
定　　价　52.00 元

ISBN 978-7-5606-7822-1

XDUP 8123001-1

***　如有印装问题可调换　***

前　言

党的二十大报告明确提出要重视心理健康和精神卫生，为新时代青年心理健康教育工作指明了方向。大学生作为实现民族复兴的先锋力量，其心理健康不仅关乎个人成长，更与社会进步、国家发展紧密相连。为此，我们编写了本书，旨在总结大学生的心理发展规律，提升大学生的心理健康水平，助力培养担当民族复兴大任的时代新人。

本书具有以下特点：

(1) 编排灵活而独立。本书采用活页式编排，以 8 个核心项目为框架，将16 个实践任务布局其中，构建起"模块独立、有机联动"的内容体系。这种灵活结构既便于依据时代发展和学生需求动态更新内容，也为教学过程提供了个性化组合的可能——无论是课堂教学、社团活动还是个体自学，都能找到适配的学习单元。

(2) 内容涉及面较广。本书既涵盖心理健康、自我认识、终身学习、情绪稳定、人际和谐与亲密关系等核心主题，更突破性地纳入家庭关系与代际传递主题。因为编者深知，个体心理的健康发展始终根植于家庭系统，所以解析原生家庭影响、探索代际沟通模式等内容，有助于引导大学生从更广的视角理解自我与他人的联结，在处理家庭关系的过程中获取心理成长的深层动力。

(3) 秉持"体验式学习"理念。本书将理论知识转化为可感知、可参与的实践活动。每个活动都致力于让学生在沉浸式体验中觉察内心、习得方法。同时，本书中真实的成长案例与系统的心理知识相互呼应，配合科学的训练与测评工具，形成"认知—体验—反思—应用"的完整学习闭环。

(4) 适用对象较广泛。刚进入大学校园的新生可通过"更好地认识自我"项目找到归属感；面临情感困惑的大学生能在"爱情密码"项目中获得启发；在家庭关系中感到迷茫的青年，也能从专属项目中汲取理解与和解的力量。编者期待，本书能成为大学生的"心理成长工具箱"，陪伴每一位大学生在青春征途上不惧风雨、向阳而生，成长为心理健全、堪当大任的时代新人。

本书的具体编写分工如下：宋晓丽担任主编，负责全书的策划、统筹、协调和审稿工作，并编写项目3与项目8；张敏、宋玲、牛洁、张婷婷和马皓担任副主编，其中张敏负责项目4和项目7的编写，宋玲负责项目1的编写，牛洁负责项目2的编写，张婷婷负责项目5的编写，马皓负责项目6的编写。

编写过程中编者参阅了大量资料，在此向原作者致以衷心感谢，同时还要感谢德州亚太集团有限公司、山东华鲁恒升化工股份有限公司的支持。

由于编者水平有限，书中难免存在不妥之处，恳请专家和读者批评指正。

编　者

2025 年 6 月

目　录

项目 1　幸福人生从心理健康开始

　　说起健康，人们往往会想到"体格健壮没有疾病"，然而，随着时代的发展，人们对健康也有了更新、更全面的认识。世界卫生组织给健康下的定义是："健康不仅仅是没有疾病或虚弱，而是身体、心理和社会适应的良好状态。"从这一定义可以看出健康包含三个方面的内容：第一，身体健康；第二，心理健康；第三，具有良好的社会适应能力。为了应对新的挑战，抓住新的机遇，新时代的大学生必须具备健康的身体和健康的心理。因此，大学生有必要了解更多的心理健康知识。

任务 1.1　健康与心理健康

成长案例

　　小文是大学二年级学生。刚进大学时，她各方面表现都不错，身体健康，为人积极而热情。大一时她参加了学校和系上各类学生干部、干事的竞选，但都失败了。长这么大，小文第一次体会到如此"沉重"的打击，一向好胜的她陷入了自我否认的泥潭，情绪往往会因为一件很小的事情而大起大落，反复无常。但她仍努力学习，成绩还不错。有一次，小文在寝室门外无意中听到了室友议论她争强好胜，能力却不怎么样，还总觉得谁都不如她……她怒不可遏，冲上去和那两个女生理论，三人最后竟然动手打了起来。从这以后，寝友都不敢"惹"她了，她的人际关系开始出现危机，她总怀疑别人在议论她，对每个室友都充满敌意。每当她看到别人高兴地在一起玩或学习时，内心就充满了孤独感，而且晚上常常做噩梦，睡眠也出现了问题。小文精神状态越来越不好，还没有胃口，常常不知道自己为什么发脾气，也很难控制自己的消极情绪。小文逐渐对生活失去了热情，整天精神萎靡，时常感到头疼、头晕，她怀疑自己长了脑瘤，去医院检查，却什么事也没有。

　　思考：小文生病了吗？

心理知识

一、心理健康的含义

(一) 健康的概念

　　理论研究与实践证明，人是生理、心理与社会层面的统一。人不仅仅是一个生物体，而且是有复杂的心理活动、生活在一定的社会环境中的完整的人。世界卫生组织(WHO)提出，健康是一种生理、心理与社会适应都臻于完满的状态，而不仅是没有疾病和不虚弱。WHO进一步指出健康的新概念：

　　一是有充沛的精力，能从容不迫地应对日常工作和生活，而不感到疲劳和紧张；

　　二是积极乐观，勇于承担责任，心胸开阔；

　　三是精神饱满，情绪稳定，善于休息，睡眠良好；

　　四是自我控制能力强，善于排除干扰；

　　五是应变能力强，能适应外界环境的各种变化；

　　六是体重得当，身材匀称；

　　七是牙齿清洁，无龋洞，无痛感，无出血现象；

　　八是头发有光泽，无头屑；

　　九是肌肉和皮肤富有弹性，步伐轻松自如。

因此，健康是生理健康与心理健康的统一，二者是相互联系、密不可分的。当生理产生疾病时，心理也必然受到影响，会产生情绪低落、烦躁不安、容易发怒等心理不适；同样，那些长期心情抑郁、精神负担重、焦虑的人易产生身体不适。因此，健康的心理有赖于健康的身体，而健康的身体也依赖于健康的心理。

(二) 心理健康的概念

所谓心理健康，是指各类心理活动正常、关系协调、内在与现实一致，且人格处在相对稳定的状态。对于大学生来说，心理健康是正常学习、生活、交往的重要前提，但他们中不少人"很不开心"。他们有的心理压力重，失眠，神经衰弱；有的甚至产生了心理疾病。这些都严重阻碍了智力潜能的发挥、学业成绩的进步和身心健康的发展。所以，教师和家长不仅要关心学生学习本身，还要关心学生因学习而产生的心理健康问题。

(三) 心理是人脑对客观世界的反映

心理学研究认为，心理是人脑对客观世界的反映。我们可以从以下三方面理解。

第一，心理的产生离不开健全的大脑。脑是心理活动的器官，没有脑的心理，或者说没有脑的思维是不存在的。无机物和植物没有心理，没有神经系统的动物也没有心理。

第二，心理是客观现实的反映。健全的大脑给心理现象的产生提供了物质基础，但是，心理并不是大脑本身所固有的，离开客观现实来考察人的心理，心理就变成了无源之水，无本之木。这个客观现实包括自然界，也包括人类社会，还包括人类自己。如，20 世纪 20 年代，印度发现了两个狼孩，即让狼叼走养大的孩子。他们有健全的大脑，但是，他们在狼群里长大，脱离了人类社会。他们只具有狼的本性，而不具备人的心理。所以，心理也是社会的产物，离开了人类社会，即使有人的大脑，也不能自发地产生人的心理。

第三，心理是一种能动的反映。心理的反映不是镜子式的反映，因为通过心理活动不仅能认识事物的外部现象，还能认识到事物的本质和事物之间的内在联系。如，一个苹果，我们用眼睛可以看到它是圆的，吃一口可以知道它是甜的，用手摸一摸可以感觉它是光滑的，这就是一些常见的心理现象。

二、心理健康的标准

上面介绍了心理健康的含义，那么心理健康的标准是什么？这是个十分有意义也十分复杂的问题。因为心理健康与不健康之间，没有绝对的界限，而且各心理学家从各自研究的领域出发，所提出的标准也不统一。所以心理健康没有单一的标准，但我们从心理学家的论述中可以得到不少启迪。

大学生心理健康的标准包括以下几个方面。

(一) 智力正常

智力正常是大学生学习、生活与工作应具备的基本心理条件，也是适应周围环境变化所必需的心理保证。因此衡量大学生心理健康的关键在于其是否正常地、充分地发挥了智力效能，即：有强烈的求知欲，乐于学习，能够积极参与学习活动。

(二) 情绪健康

情绪健康的标志是情绪稳定和心情愉悦。包括的内容有：愉悦情绪多于负面情绪，乐观开朗，富有朝气，对生活充满希望；情绪较稳定，善于控制与调节自己的情绪，既能克制又能合理宣泄；情绪反应与环境相适应。心理健康的学生情绪稳定，在他们身上愉悦、乐观、开朗、满意等积极情绪状态占主导，身心处于积极向上、充满希望的乐观状态，能适度地表达和控制自己的情绪，合理地宣泄不良情绪。心理健康的学生还应能冷静、理智地对待生活中的挫折和打击，会用正确的方法和态度对待错误，对强弱不同的刺激反应适度，有忍受挫折、从失败中学习和总结经验教训的能力。

大学生独立生活的能力和独立思考判断的能力还比较弱，在控制自己的情绪时也往往容易出现问题。如，在大学生中发生的冲突事件，大多是由于学生控制不了自己的情绪，做出了冲动的举动。一个心理健康的学生应懂得合理控制情绪，行为能始终受到意识的控制。

(三) 意志健全

意志是人在完成一种有目的的活动时，所进行的选择、决定与执行的心理过程。意志健全者在行动的自觉性、果断性、顽强性和自制力等方面都表现出较高的水平。意志健全的大学生在各种活动中都有自觉的目的性，能适时地做出决定并运用切实有效的方式解决所遇到的问题，在困难和挫折面前能采取合理的反应方式，能在行动中控制情绪和言行，而不是盲目行动、畏惧困难、顽固执拗。

(四) 人格完整

人格指的是个体比较稳定的心理特征的总和。人格完整就是指有健全统一的人格，即个人的所想、所说、所做都是协调一致的，人格结构的各要素是完整统一的。人格完整者具有正确的自我意识，不产生自我同一性混乱，以积极进取的人生观作为人格的核心，并以此为中心把自己的需要、目标和行动统一起来。

(五) 自我评价正确

正确的自我评价是大学生心理健康的重要条件。大学生应正确进行自我观察、自我认定、自我判断和自我评价，恰如其分地认识自己，摆正自己的位置；既不以自己在某些方面高于别人而自傲，也不以某些方面低于别人而自卑；能够自我悦纳，自尊、自强、自制、自爱，正视现实，积极进取。

心理健康的大学生往往有较强的自我认知能力，他们能够正确地认识自己，自我评价恰当。他们有良好的现实感知能力，能够客观地认识现实，并根据对现实的认识来给自己做出恰当的人生发展定位，有与现实联系紧密的自我价值体系。而心理不健康的大学生由于缺乏自知之明，对自己的定位不切实际，容易过高或过低地估计自己，让自己陷于自傲、自卑的旋涡中，产生不平衡的心态。所以，大学生应该学会体验自己存在的价值，既能了解自己又能接纳自己，知道自己的优点和缺点，能扬长避短，对自己不会提出非分的期望和要求；同时，努力发展自己的潜能，对自己无法弥补的缺陷，也要学会坦然接纳、从容面对。

(六) 人际关系和谐

广泛而和谐的人际关系，是事业成功与生活幸福的前提。人际关系和谐者表现为：乐于与人交往，既有广泛的人际关系，又有知心朋友；在交往中保持独立而完整的人格，有自知之明，不卑不亢；能客观评价别人和自己，善取人之长以补己之短，宽以待人，乐于助人，积极的交往态度多于消极态度，交往动机端正。心理健康的学生在社会交往中人际关系和谐，尊敬师长，信任同学，能宽容和谅解有缺点和反对过自己的人，喜欢和老师、同学在一起。而相反，心理不健康的学生一般都有人际交往障碍，总是与周围的人格格不入，远离集体，他们或者不愿与人交往，或者不敢与人交往，或者不会与人交往。因此，提高大学生人际交往能力，是保障心理健康的重要方法之一。

(七) 社会适应性良好

心理健康的大学生能正视现实，适应社会环境和自然环境，以有效的办法应对环境中的各种困难，不退缩，根据环境和形势要求改变自己，有时还能创造环境。

(八) 心理行为特征符合大学生的年龄阶段

大学生是处于特定年龄阶段的特殊群体，大学生应具有与年龄、角色相应的心理行为特征。正确理解大学生心理健康的标准应重视以下几个方面。

一是标准的相对性。事实上大学生心理健康与不健康并无明显界限，大学生的心理是一个连续变化的过程。如将心理健康比作白色，将不健康比作黑色，那么在白色与黑色之间存在着一个巨大的缓冲区域——灰色区，世间大多数人都散落在这一区域内。这也说明，对学生群体而言，在人生的发展过程中面临心理问题是正常的，不必大惊小怪，应积极加以纠正。大学生应提高自我保健意识，及时进行自我调整。

二是整体的协调性。把握心理健康的标准，应以心理活动为本考察其内外关系的整体协调性。从心理过程看，健康的人的心理活动是一个完整统一的协调体，这种整体协调保证了个体在反映客观世界的过程中的高度准确性和有效性。事实表明，认识是健康心理结构的起点，意志行为是人格面貌的归宿，情感是认识与意志之间的中介因素。从心理结构的几方面看，一旦心理不能符合规律地进行协调运作，则可能产生一系列心理困扰或问题。从个性角度看，每个人都有自己长期形成的稳定的个性心理，一个人的个性在没有明显的、剧烈的外部因素影响下是不会轻易发生变化的，否则说明其心理健康状况发生了变化。从个体与群体的关系看，每个个体根据其现实性可划分成不同的群体，不同群体间的心理健康标准是有差异的。

三是发展性。事实上，不健康的心理可能是人的发展中不可避免的发展性问题，其症状随着发展而自行消失。人的健康状态是变化的，一个人产生了某种心理障碍，并不意味着这种障碍会永远保持或持续加重。这是一个发展的问题，反映到心理上则表现为心理冲突的形成是非常正常的。许多发展的问题是可以自行解决的。

三、大学生心理健康教育的内容

大学生心理健康教育的定位是：激发学生的心理潜能，防治心理疾病，维护学生的心理健康，建立起以预防为主、防治结合的心理健康教育模式。具体讲，针对目前大学生中普遍存在的心理问题，大学生心理健康教育侧重于以下几个方面。

(一) 认知发展教育

认知能力包括认知自我、他人及一切事物的能力。正确地认知自我和他人，是大学生正确评价自己，学会与人相处，进而更好发展自己的重要前提。

(二) 情绪管理教育

情绪管理是健康心理不可或缺的重要内容。情绪是认识和洞察人们内心世界的窗口。它标志着个性成熟的程度。良好的情绪能激发大学生的学习、工作和生活热情，使个性向全面、和谐、健康的方向发展。

(三) 人格健全教育

人格是伴随着人的一生不断成长的心理品质。人格的健全意味着个体心理的成熟，人格的魅力展示着个体心灵的完善。

(四) 学习心理教育

学习是大学生活的主旋律。学会学习，主动汲取知识，提高自己的学习能力，增强学习效率，是大学生在学习中应培养的特殊能力。

(五) 人际交往教育

了解人际交往的基本理论，学习人际交往的技巧和艺术，是大学生发展自我、培养与他人合作和沟通能力的重要途径。

(六) 恋爱与性心理教育

树立健康的爱情观，有助于大学生正确理解爱的含义，培养爱的能力，正确对待两性交往，处理好恋爱与学业、恋爱与友谊、恋爱与道德的关系。

(七) 心理疾患的预防与调适教育

学习预防心理疾患和增强心理健康的方法和途径，有助于提高大学生自我身心的调控能力和自身健康的维护能力。

活动体验

寻 找 有 缘 人

一、活动目的

(1) 体验主动交往的乐趣。

(2) 在交流中发现共同爱好，寻找志同道合的朋友。

二、活动准备

(1) 多种颜色的方形纸若干，每张纸分别剪成彼此能相互契合的四小块。

(2) 选择欢快的乐曲作为背景音乐。

三、活动过程

(1) 在欢快的背景音乐中，主持人要求每个参与者到场地中央的盘子里选取一张自己喜欢的纸片。

(2) 参与者根据自己所选纸片的颜色与形状，到群体中寻找能与自己纸片契合的"有缘人"。

(3) 找到了"有缘人"后，两人坐在一起，相互介绍自己，找出双方三个以上的共同点。

四、活动感悟(学生填写)

(1) _____

(2) _____

(3) _____

五、活动点评(老师填写)

(1) _____

(2) _____

(3) _____

六、注意事项

(1) 此游戏比较适合于一个彼此陌生的群体。

(2) 因为纸片剪成可以相互契合的四小块，所以会出现一人可以同时与两人相契合的情况。主持人可以要求第一个纸片契合的人为"有缘人"，也可以要求只要是纸片能契合的人都为"有缘人"。

(3) 有缘人可以是纸片颜色相同、形状契合的人，也可以纸片是颜色不同、但形状契合的人，由参与者自己理解决定。

(4) 游戏还可以继续深入，在两个"有缘人"的基础上接着进行"成双成对"游戏，继续寻找纸片契合的另两个"有缘人"。找到后，四个"有缘人"通过交谈，寻找三个共同点。

训练与测评

你足够健康吗——房树人测验

房树人(House-Tree-Person，HTP)测验，又称屋树人测验，它开始于美国心理学家约翰·巴克的"画树测验"。巴克于 1948 年发明此测验，被测者只需在三张白纸上分别画屋、树及人就可完成测验。而动态屋树人测验则由罗伯特·伯恩斯在 1970 年发明，被测者在同一张纸上画屋、树及人，这三者有互动作用，例如从屋和人的位置与距离可看出被测者与家庭的关系。所以这两种测验多数会结合使用。

房树人测验可投射出个人的心理状态，系统地释放人的潜意识。人们可透过潜意识去认识自己的动机、观感、见解及过往经历等，去了解事件的本质和自己的生活模式，并做出适当的反应。

一、测验的优点

(1) 具有主动性、构成性、非言语性的特点，帮助测验者更具体地了解被测者的人格特征，捕捉到难以言表的心理冲突。

(2) 能初步体现被测者的智力水平，而不像韦氏成人智力测验那样有诸多局限性，并且不易造成心理创伤。

(3) 再度测验不会影响测验效果，有利于反复施测，追踪观察。

二、测验的步骤

(1) 测验前的准备：测验用 A4 纸，没有橡皮擦的铅笔一支。

(2) 测验者对被测者进行说明，要求为：构思的时间最好不超过 5 分钟；用铅笔在白纸上任意画一幅包括房子、树木、人物在内的画，不要画火柴人，要认真作画；不要采取写生或临摹的方式，也不要用尺子；在时间方面没有限制；画好的线条不满意时可以重画，但不允许涂改，画完后不允许重画；画完后写上性别、年龄。

(3) 被测者绘画。

(4) 绘画结束后，将画装入预先准备的档案袋。

(5) 绘画分析：由心理教师进行。

知识拓展

漫长的过去，短暂的历史——科学心理学的诞生

德国著名心理学家艾宾浩斯(H Ebbinghaus，1850—1909)曾这样概括地描述心理学的发展历程："心理学有一个漫长的过去，但只有短暂的历史。"

作为一门科学，心理学的历史十分短暂。19 世纪生理学和物理学的发展，为科学心理学的诞生创造了必要条件。德国感官生理学家韦伯(E H Weber，1795—1878)首先确立了感觉的差别阈限定律。随后，德国心理学家费希纳(G T Fechner，1801—1887)发展了韦伯的研究，运用心理物理学法确定了外界物理刺激和心理现象之间的函数关系。他们的研究方法成为科学心理学研究的典范。

心理学从哲学中真正分离出来而成为一门独立的科学，主要由德国生理心理学家冯特(W Wundt，1832—1920)完成。1879 年，冯特在德国的莱比锡大学创立了世界上第一个心理学实验室，用实验的手段来研究心理现象，这被公认为是心理学独立的标志。冯特反对用哲学思辨的方式探讨心理现象，坚持用观察、实验以及数理统计等自然科学的方法去揭示心理过程的规律，因而取得了丰硕的研究成果，并培养了一批来自世界各地的学生。冯特一生的著作很多，其中《生理心理学原理》一书被誉为"心理学独立的宣言书"，是心理学史上第一部有系统体系的心理学专著。冯特是科学心理学的奠基人，也是心理学史上第一位专业心理学家。

心理健康标准评估与自测工具页

任务 1.2　压力与心理健康

成长案例

小秦，女，20 岁，某高职院校会计专业大二学生。面对即将到来的初级会计职称考试，小秦感到紧张不安。上次考试前，小秦认真复习，可是还是没有通过。班上许多平时成绩不如她的同学却都考过了，这给她造成很大压力，使得她注意力无法集中，经常担心再考不过怎么办；又想到比她差的同学都考过了，如果自己再考不过，那还有什么颜面。于是，为了考试成功，她加班加点拼命学习，下了晚自习，教室和宿舍的灯都熄了，她还要躲在昏暗的路灯下复习。因为考前的紧张感加剧，所以小秦每次模拟考试成绩都不理想，并且成绩还有所下降，这令她更加焦虑。小秦很想让自己平静下来，好好复习，但难以做到。

思考：她怎样才能走出困境？

心理知识

一、压力的定义

压力是心理压力源和心理压力反应共同构成的一种认知和行为体验过程。然而，并不是所有的压力都会被认为是压力事件。当人们认为这件事充满压力时，这件事就是压力事件；反之，它就不是压力事件。比如，在求职面试时，不同的人有不同的心态：有的人认为这是一件充满未知的事情，因此有很大的压力；而有的人却认为这是一次难得的机会，因而充满信心与期待。

心理学研究表明，心理压力水平与人们的活动效率呈倒"U"字形曲线关系，即压力水平过高或过低都不利于学习，只有适当的压力才有助于更好地提高学习效率。这是因为适当的压力既能充分调动个人潜能，又不会导致身心过度疲劳。

二、大学生压力源及其类型

压力源是指引起压力反应的因素，包括生物性压力源、精神性压力源和社会环境性压力源。生物性压力源是指直接阻碍和破坏个体生存与种族延续的事件，包括躯体创伤和疾病、饥饿、性剥夺、睡眠剥夺、感染、噪声、气温变化等。精神性压力源是指直接阻碍和破坏正常精神需求的内在和外在事件，包括错误的认知结构、个体不良经验、道德冲突以及长期生活经历造成的不良个性心理特点(如易受暗示、多疑、嫉妒、悔恨、怨恨等)。社会环境性压力源是指直接阻碍和破坏个体社会需求的事件，包括纯社会性的(如重大社会变革、重要人际关系破裂等)和由自身状况造成的人际适应问题(如社会交往不良)。造成心理问题的压力源绝大多数具有综合性，在生物性或社会环境性压力源的背后，往往还隐藏着深层的精神性压力源，因此在分析求助者心理问题的根源时，必须把三种压力源作为有机整体加以考虑。

国家社科基金项目(编号：11BKS067)研究成果认为，大学生压力源从所涉及的活动领域可以分为以下几种类型。

(1) 学习压力：例如老师的讲课没有吸引力、学习内容难以理解、考试成绩不理想等。

(2) 生活压力：例如生活费太少，未交学费而被老师多次谈话，饮食、作息习惯发生较大改变等。

(3) 发展压力：例如没有努力的目标或方向、考级考证的种类太多不知道如何选择等。

(4) 环境压力：例如寝室状况太差、对学校食堂饭菜不满意、空气污染严重、学校管理过严等。

(5) 社交压力：例如与同学交往困难、不敢询问老师、没有好朋友、不敢和人沟通、与父母冲突增多等。

(6) 情感压力：例如恋爱与个人发展矛盾、失恋等。

三、压力与身心健康的关系

压力会影响人们身心健康的观点早已被公认。持续的压力会给人的身体、精神、心理造成巨大的伤害。

上海师范大学应用心理学系教授傅安球说："在强压力或高压力下，人们会出现心率加快、血压升高、肌肉紧张、出汗增多、头痛、肠胃功能失调、睡眠不好等生理改变；还会出现注意力下降、自信心不足、焦虑、抑郁、愤怒等消极情绪。另外用压力测量表分析发现，长期处于压力之下的个体会出现强迫症状、人际关系敏感、敌对情绪、抑郁症状、偏执和恐惧症状等负性表现。"

(一) 压力对大脑的影响

压力可以促使大脑调控某些激素的释放，使身体做好应对危险的准备。大脑在一定的压力下，思维和应变会更加敏捷。但是，在达到承受压力的临界点之后，大脑就无法正常工作，表现为记忆力减退，注意力不能集中，意志力丧失，丢三落四，甚至沉溺于喝酒、吸烟、暴饮暴食等不良习惯之中。

(二) 压力对消化系统的影响

身体进行压力反应的第一步就是促使血液从消化系统转向主要肌肉群。肠胃可能会清空内部物质，使身体做好迅速反应的准备。很多经历压力、焦虑和紧张的人也会出现胃痛、恶心、呕吐、腹泻等症状(医生称之为"紧张的胃")。长期的阶段性压力和慢性压力与许多消化系统疾病，比如应激性的大肠综合征、胃溃疡、大肠炎、慢性腹泻等紧密相关。

(三) 压力对心血管的影响

压力会造成高血压。紧张、焦虑、易怒、悲观的人突发心脏病的可能性更大。事实上，对压力越敏感的人，患心脏病的概率也越高。压力也会促使人养成不良的生活习惯，间接地引发心脏病。

(四) 压力对皮肤的影响

粉刺等皮肤问题通常都与激素失调有关，而压力正是造成激素紊乱的重要因素。压力会延长皮肤问题发生的时间，疲惫的免疫系统需要更多的时间才能修复各类损伤。长期压力会导致慢性粉刺的出现，还会引起荨麻疹等各类皮肤病。

(五) 压力会引发疼痛

在身体处于压力状态的时候，头痛、关节痛、纤维肌痛等问题会加剧。日益敏感的痛觉会损害身心健康。

(六) 压力对免疫系统的影响

当长期压力破坏了身体平衡之后，免疫系统就无法正常工作。

(七) 压力对疾病的影响

关于哪些疾病与压力有关、哪些疾病与病毒或遗传有关，并非所有专家都能达成共识。但是越来越多的专家相信，身体和精神的相互联系意味着压力能够导致绝大多数的生理问题；反之，生理疾病和伤痛也会引发压力。如此形成一个不良循环：压力—疾病—更多压力—更多疾病。

(八) 压力对情绪的影响

压力能够引起多种精神和情绪的反应；反之，这些反应也能引起压力。压力对情绪的影响有很多种形式，社会应激中的工作压力，即将来临的重大事件，恋人、父母、同学之间的感情问题，亲人离世等，这些生活中的突发变化都会引发情绪压力。缓解情绪压力的关键在于正确看待这些事情。

四、压力的应对策略

压力的应对策略有很多，包括直接面对压力源、调节自身等。这些方法中，有的效果是暂时的，有的效果是持续的；有的方法有助于成长，也有的方法会造成其他不良影响。

(一) 不良的应对方法

(1) 依赖药物。服用一些镇静剂可以起到暂时减轻压力的作用，但不能解决产生压力的根源。长期服用药物容易形成依赖，甚至引发其他疾病。

(2) 喝酒抽烟。酒精是神经系统的刺激物，同时也是一种镇静剂。烟草是一种兴奋剂，也有一定的镇静作用。喝酒抽烟虽然能够暂时起到抑制中枢神经系统的作用，缓解紧张状态，但经常喝酒容易导致酒精中毒，抽烟更是危害无穷。

(3) 其他不良的应对方法还包括沉溺于幻想、伤害自己或攻击他人等。

(二) 正确的应对方法

认识压力的作用及其可能导致的后果，对可能出现的过度压力有心理准备，并主动学习处理压力的方法，可以有效地控制压力。正确的应对方法如下。

(1) 了解自己的能力，制定切实可行的目标。对自身的期望要合理客观，做事可往最坏处准备，但向最好处努力。

(2) 劳逸结合，积极休息，培养业余兴趣爱好。发展个人爱好往往让人心情舒畅，绘画、书法、下棋、运动等能给人增添许多生活乐趣，调节生活节奏，使人从单调紧张的氛围中摆脱出来，感到欢快和轻松。

(3) 换位思考。正确认知压力，灵活调整自己的心态。例如，当遇到不公平的事情、不协调的人际关系或不愉快的情感体验时，试试换位思考。

(4) 建立和扩展良好的社会支持系统。拥有朋友，必要时找信任的朋友倾诉，能够缓解压力。

(5) 积极面对人生，自信豁达，知足常乐。

(6) 改变不合理的观念。有意地改变自己的观念来改变对压力的认知。表 1-1 所示为对考试压力的认知调整。

表 1-1　对考试压力的认知调整

易产生压力的认知	调整后的压力认知
(1) 考试是人生最重要的事情	(1) 考试并非人生最重要的事情
(2) 考试失败意味着自己的无能	(2) 失败是成功之母
(3) 考不好十分丢人	(3) 不及格并非绝路
(4) 觉得对不起父母的期望	(4) 读书是自己的事，只要尽力就可以
(5) 别人成绩好，我受不了	(5) 我朋友成绩好，我也很开心

活动体验

音乐冥想放松练习

一、活动目的

(1) 学会调节紧张情绪，体验放松的感觉。

(2) 掌握自我放松的要领和技巧。

二、活动准备

指导语、放松的音乐。

三、活动过程

(1) 选择轻松而舒缓的音乐，配以想象意境的指导语。

(2) 保持安静，坐好后将四肢伸展，让自己有舒服的感觉。

(3) 随着音乐和指导语放松自己，让呼吸缓慢而均匀。

(4) 意念跟随指导语，同时想象指导语描述的画面。

四、活动感悟(学生填写)

(1) _____

(2) _____

(3) _____

五、活动点评(老师填写)

(1) _____

(2) _____

(3) _____

训练与测评

心理压力自测

心理压力自测表如表 1-2 所示。请用 15 分钟时间完成这个测验，不要花费太多时间考虑，根据自己的实际情况，选择最符合自己的答案。

表 1-2　心理压力自测表

项　　目	选　项				
	总是	经常	有时	很少	从未
(1) 受背痛之苦	A	B	C	D	E
(2) 睡眠无规律且不安稳	A	B	C	D	E
(3) 头痛	A	B	C	D	E
(4) 腭部痛	A	B	C	D	E
(5) 如果需要等候，会感到不安	A	B	C	D	E
(6) 脖子痛	A	B	C	D	E
(7) 比多数人更容易紧张	A	B	C	D	E
(8) 很难入睡	A	B	C	D	E
(9) 感到头部发紧或疼痛	A	B	C	D	E

项 目	选 项				
	总是	经常	有时	很少	从未
(10) 胃不好	A	B	C	D	E
(11) 对自己没有信心	A	B	C	D	E
(12) 会与自己说话	A	B	C	D	E
(13) 担心财务问题	A	B	C	D	E
(14) 与人见面时感到窘迫	A	B	C	D	E
(15) 担心发生可怕的事	A	B	C	D	E
(16) 白天觉得累	A	B	C	D	E
(17) 下午感到喉咙痛，但并非感冒所致	A	B	C	D	E
(18) 心里不安，无法静坐	A	B	C	D	E
(19) 感到非常口干	A	B	C	D	E
(20) 心脏有毛病	A	B	C	D	E
(21) 觉得自己非常无用	A	B	C	D	E
(22) 吸烟	A	B	C	D	E
(23) 肚子不舒服	A	B	C	D	E
(24) 觉得不快乐	A	B	C	D	E
(25) 流汗	A	B	C	D	E
(26) 喝酒	A	B	C	D	E
(27) 很自觉	A	B	C	D	E
(28) 觉得自己像四分五裂了	A	B	C	D	E
(29) 眼睛又酸又累	A	B	C	D	E
(30) 腿或脚抽筋	A	B	C	D	E
(31) 心跳加速	A	B	C	D	E
(32) 怕结识人	A	B	C	D	E
(33) 手脚冰冷	A	B	C	D	E
(34) 便秘	A	B	C	D	E
(35) 未经医生处方乱吃药	A	B	C	D	E
(36) 发现自己很容易哭	A	B	C	D	E
(37) 消化不良	A	B	C	D	E

续表二

项　　目	选　项				
	总是	经常	有时	很少	从未
(38) 咬手指	A	B	C	D	E
(39) 耳朵有嗡嗡声	A	B	C	D	E
(40) 小便次数多	A	B	C	D	E
(41) 有胃溃疡	A	B	C	D	E
(42) 有皮肤方面的问题	A	B	C	D	E
(43) 咽喉很紧	A	B	C	D	E
(44) 有十二指肠溃疡	A	B	C	D	E
(45) 担心工作	A	B	C	D	E
(46) 有口腔溃疡	A	B	C	D	E
(47) 为小事所烦恼	A	B	C	D	E
(48) 呼吸急促	A	B	C	D	E
(49) 觉得胸部紧迫	A	B	C	D	E
(50) 很难做出决定	A	B	C	D	E

一、评分方法

(1) 评分：A(总是)4 分；B(经常)3 分；C(有时)2 分；D(很少)1 分；E(从未)0 分。

(2) 计算总分：将所有题目得分相加即得总分。

二、评定标准

(1) 93 分以上：表示处于高度应激反应中，身心遭受压力伤害，需要去看心理医生，进行必要的心理调整。

(2) 82～92 分：表示正在经历较多的心理压力，身心健康正在受到损害，人际关系出现问题。

(3) 71～81 分：表示压力相对适中，可能刚刚开始出现对健康不利的情况。

(4) 60～70 分：表示压力适中，偶尔可能出现较多压力，但有能力应对，心理趋向于平静。

(5) 49～59 分：表示能够控制压力反应，心理处于相对放松的状态。

(6) 38～48 分：表示来自外界的压力影响很小，工作与生活缺少适度压力和刺激。

(7) 27～37 分：表示生活沉闷，即使发生刺激或有趣的事情也很少做出反应，需要增强反应，增加社会活动或娱乐活动。

(8) 16～26 分：表示在工作与生活中经历的压力不够，或是没有正确分析自己。

知识拓展

布雷迪的猴子

布雷迪的猴子是一个著名的心理学实验。

两只活泼的猴子(分别称为甲猴子和乙猴子)被分别缚在两张电椅上，电流每 20 秒激发一次。被电击的滋味当然不好受，它们开始号叫挣扎。然而，猴子不愧为灵长类动物，甲猴子很快发现，它的电椅有一个压杆，只要在电流袭来之前压一下压杆，就可免遭电击；而乙猴子却发现，它的电椅上没有压杆。于是，甲猴子就担负起压下压杆的责任，它紧张地估算着电流袭来的时间——结果是，要么两只猴子同时免受电击，要么它们一起受苦，并且这完全取决于甲猴子，于是甲猴子就承担着超强的心理负荷，而乙猴子虽然很无奈，却无忧无虑。最后，甲猴子得了胃溃疡，乙猴子却安然无恙。

其实在竞争激烈的当今社会，我们中的很多人背负着巨大的压力和责任，也有很多人对现实的残酷感到无奈。也许有时候，我们真的需要卸下一点心理压力，少一些心理负荷。然而，乙猴子就真的是安然无恙的吗？它是绝对健康的吗？

在现实生活中，你愿意扮演哪只猴子的角色呢？

压力识别与求助指南工具页

项目 2　更好地认识自我

　　古希腊德尔菲神庙上镌刻着"认识你自己"的箴言。穿越两千余年时光，这句话依然叩击着每个探索者的心扉。亲爱的同学，学习这个项目时，你将正式开启一场与自我最坦诚的对话。认识自我不是简单的标签堆砌，而是在成长的迷雾中点亮心灯，照见那些被忽视的潜能、未被接纳的特质和等待破茧的渴望。这里没有标准答案，只有属于你的独特密码——那些欢笑与泪水交织的瞬间、退缩与勇敢交替的时刻，都在诉说着你生命的原貌。愿这段学习旅程，成为你温柔而坚定地拥抱真实自我的开始。

任务 2.1　大学生的自我意识

成长案例

小徐是大一学生。在一次班干部竞选中，小徐根据对自己的了解和分析，认为自己完全可以胜任班长的工作，而且自己平时跟同学关系处得也不错，大家一定会支持他。而实际上大家却认为虽然他性格比较开朗，也有一定的办事能力，但分析和处理问题还不够全面、理性，不太适合班长这个职位。小徐最终落选了，他很有挫败感，整天闷闷不乐，觉得平时跟大家在一起其乐融融的景象实际上都是一种假象。

思考：你在生活中遇到过类似的情形吗？原因是什么？

心理知识

一、自我意识的含义与过程

（一）自我意识的含义

自我意识，也称自我认知，是个体对自己存在的觉察，即个体对心理、思维及行为活动的内容、过程及结果的自我认识、自我体验和自我调控，包括认识自己的生理状况、心理活动、个性特征以及自己与他人和外界客观事物的关系。

自我意识是个体意识发展的最高阶段，是人类与动物相区别的一个重要标志，是人格的自我调控系统，同时也是隐藏于个体内心深处的心理结构。自 1890 年威廉·詹姆斯在其著作《心理学原理》中首次提出自我意识以来，自我意识在心理学领域一直是经久不衰的研究课题。自我意识是个体社会化的产物，反过来自我意识又作用于社会，指导个体适应社会生活，并对周围环境产生积极的影响和作用。自我意识是个体的自我观，是人对自己进行认识时所产生的意识活动，是个体发展到一定阶段的产物，是人类特有的标志。

（二）自我意识的过程

自我意识是个性和社会性发展的核心概念，是伴随着个体的身心发展、在个体与周围环境不断的相互作用过程中逐渐产生和发展起来的。在这一过程中，个体通过他人的反馈、分析自己的活动结果、进行自我观察以及社会比较来形成和发展自我意识。

他人的反馈就是别人对我们的品质、能力、性格等方面给予的意见，这些反馈可以增加我们对自己的了解。分析自己的活动结果就是以活动结果来评价自己的能力、气质、性格对自己的影响。自我观察是指我们直接认识自己的方式：一方面我们可通过感觉器官直接感知自己的一些特征，如外貌体征；另一方面我们也可通过内省，如回忆或分析过去的我，进行自我批评，以进一步完善自我。社会比较是指和自己相似的人做比较，在比较中觉察自己与他人的不同，从而认识自我、评估自我。正是由于有自我意识，人才能够对自己的思想和行为进行自我认识、自我体验和自我调控，并逐渐形成独特的人格。

二、自我意识的结构

自我意识是一个多维度、多层次的心理系统，按照不同的划分标准，被分成不同的结构。

(一) 从内容上来看，自我意识分为生理自我意识、社会自我意识和心理自我意识

1. 生理自我意识

生理自我意识是指个体对自己的躯体、性别、相貌、年龄、健康状况等生理特质的意识。有时候人们将个体对某些与身体特质密切联系的衣着、打扮，以及外部物质世界中与个体紧密联系，并属于"我的"人和物(如家属和财产等)的意识和生理自我意识一起统称为物质自我意识。生理自我意识在情感体验上表现为自豪或自卑；在意向上表现为对身体健康、外在美和物质欲望的追求，对自己所有物的维护等。

2. 社会自我意识

社会自我意识是指个体对自己在社会关系、人际关系中的角色的意识，包括个人对自己在社会人际关系中的作用和地位的意识，对自己所承担的社会义务和权利的意识等。社会自我意识在情感体验上也表现为自豪或自卑；在意向上表现为追求名利地位，与人交往，与人竞争，争取他人的好感和认可等。

3. 心理自我意识

心理自我意识是指个体对自己的智力、爱好、兴趣、气质、性格等心理特点的意识，心理自我意识在情感体验上表现为自豪、自尊或自卑、自贱；在意向上表现为追求智慧、才能的发展和追求真理、信仰，注意自己的行为符合社会规范、准则等。

生理自我意识、社会自我意识和心理自我意识三者既相互联系又相互区别，是个体自我意识的有机组成部分。因此每个人都有对自己的看法和态度，并有其独特的形式和内容。

(二) 从自我概念来看，自我意识又可分为现实自我意识、投射自我意识和理想自我意识

1. 现实自我意识

现实自我意识是个体从自己的立场出发对自己目前实际状况的看法。这个"自我"是指现在的我。现实自我意识回答了"我觉得我现在是什么状态""我怎么样"等问题。

2. 投射自我意识

投射自我意识也称"镜中自我"意识。投射自我意识是个体想象中他人对自己的看法、他人心目中自己的形象、他人对自己的评价，以及由此而产生的自豪感或自卑感。这个"自我"是指别人眼中的我。投射自我意识回答了"在别人眼中我是什么样的人"等问题。现实自我意识与投射自我意识不一定完全相同，两者之间可能会有差距。当这个差距加大时，

我们便会感到自己不被别人所了解，产生失落感或自卑感。

3. 理想自我意识

理想自我也称"理想我"，是指个人想要达到的完美的形象。理想自我意识是个人从自己的立场出发，对将来自我的一种希望模式，是一种想象中的自我认识，也就是平常人们所说的目标。理想自我不一定与现实自我一致。理想自我虽非现实，但它对个人的认识、情感和行为的影响很大，是个人行为的动力和参照系。例如，某同学的理想是要成为一名世界级运动员，最后却成为一名人民警察。虽然这位同学最终没能实现理想，但他有着对运动员理想的追求，持续进行体育锻炼，拥有了坚强的意志和强健的体魄，为他后来的工作奠定了良好的基础。

三、自我意识的作用

(一) 目标导向作用

目标是个体发展的航标。一个人要想成就一番事业，就必须通过正确的自我认识，确立较为合理的理想自我的内容，为个人将来的发展确定目标。这一目标会对个人的认知、情感、意志、行动产生很大影响，是个体活动的动力。自我意识健全的个体，在从事一项活动之前，就将活动的目的和结果以观念的形式储存于头脑之中，并据此做出计划，指导自己的活动，从而达到预期的目标。

(二) 自我控制作用

一个人要获得发展、取得成就，只有目标是不行的，还必须具备自我控制能力，对自己的情感和行动加以调节和控制。自我意识健全的个体，在对自我做出正确认识、合理规划的基础上，还要能够控制自己的注意力、情感和行为等，以实现自己的目标。在成功的路上，很多人并不缺乏机会和才华，而是缺乏自我控制的意识和能力。自我控制是自我意识发挥能动作用的一个重要方面，它是目标的守护神，是成功的卫士。

(三) 内省作用

自我意识健全的个体，不仅能够确立理想自我的内容，为自己将来的发展做出规划，而且能够通过自我控制来实现预期目标。然而，由于主客观条件的制约，理想自我的实现常常会遇到各种障碍，致使个体产生不同程度的挫折感。这时，自我意识就会对自己的认识、情感、意志和行为等进行内省，找到受挫的主客观原因，并重新调整认识，形成新的理想自我的内容，使其与现实自我趋于统一。内省可以看作是个体成长过程中的自我监督和自我教育。每个人要想使自己的天赋和才能得到充分的发挥，实现理想自我，就需要有积极的自我意识，适时进行内省和自我审查。

(四) 激励作用

健全的自我意识，可以帮助个体形成准确的自我认知与评价，并在此基础上建立自立、自主、自信的良好心理品质，激励个体去大胆尝试，积极进取，最大限度地调动自身潜能，获得成就。在这一过程中，个体不断克服负性的自我意识，强化正性的自我意识，形成自我意识的良性循环，这样个体在遇到困难和挫折时，就能够自我激励，以积极、乐观的心态去面对。由此可见，自我意识越健康、越积极的人，越可能获得更大的成就，而不断取得的成就，又反过来进一步促进自我意识的健康发展。

活动体验

我是谁？

一、活动目的

(1) 帮助个体熟悉自我，了解自我，认识自我，提高对自我的察觉力。

(2) 协助个体自我反省，提高对事物的判断力。

二、活动准备

(1) A4 纸若干张(参加活动者每人一张)。

(2) 黑色水笔若干(参加活动者每人一支)。

(3) 背景音乐、手语视频《我们都是好孩子》。

(4) 助教一名。

三、活动过程

(1) 做放松按摩操。助教播放背景音乐，在愉快的氛围中，全体同学起立，向右转，后面的同学轻轻摸摸前面同学的头，为前面的同学揉揉肩、捏捏耳垂、拍拍背；然后向后转，互换角色，相互服务。

(2) 指导教师现场随机提问。指导教师选择班上任意一位同学进行"我是谁"的五次连续发问，要求学生每次回答的内容不能重复。当学生给出"我是一个大学生"或"我是一个男生"这类回答时，指导教师应要求其重新选择能反映个人特点和鲜明个性的内容作答。

(3) 学生每人拿出一张纸，分别填写如下问题。

① 我＿＿＿＿＿＿＿＿＿＿＿＿＿＿＿＿＿＿＿＿＿＿＿＿＿＿＿＿＿＿

② 我是＿＿＿＿＿＿＿＿＿＿＿＿＿＿＿＿＿＿＿＿＿＿＿＿＿＿＿＿＿

③ 我喜欢＿＿＿＿＿＿＿＿＿＿＿＿＿＿＿＿＿＿＿＿＿＿＿＿＿＿＿

④ 我想＿＿＿＿＿＿＿＿＿＿＿＿＿＿＿＿＿＿＿＿＿＿＿＿＿＿＿＿

⑤ 我要＿＿＿＿＿＿＿＿＿＿＿＿＿＿＿＿＿＿＿＿＿＿＿＿＿＿＿＿

⑥ 我曾经＿＿＿＿＿＿＿＿＿＿＿＿＿＿＿＿＿＿＿＿＿＿＿＿＿＿＿

⑦ 我不＿＿＿＿＿＿＿＿＿＿＿＿＿＿＿＿＿＿＿＿＿＿＿＿＿＿＿＿

⑧ 我可以＿＿＿＿＿＿＿＿＿＿＿＿＿＿＿＿＿＿＿＿＿＿＿＿＿＿＿

⑨ 我愿意＿＿＿＿＿＿＿＿＿＿＿＿＿＿＿＿＿＿＿＿＿＿＿＿＿＿＿

⑩ 我希望＿＿＿＿＿＿＿＿＿＿＿＿＿＿＿＿＿＿＿＿＿＿＿＿＿＿＿

完成后，标出 10 句话中最核心、最重要的句子，并将其放在首位。

(4) 助教打开手语操视频《我们都是好孩子》，全体同学起立跟着学做手语操。

(5) 感悟分享。学生以小组为单位进行活动交流，各小组指派一名同学上台进行分享。

四、活动感悟(学生填写)

(1) _____

(2) _____

(3) _____

五、活动点评(老师填写)

(1) _____

(2) _____

(3) _____

训练与测评

职业角色镜像测验——拆解工作中的我

职业角色镜像测验是指将自我认识、自我察觉迁移到职业情境，识别职场行为模式与自身潜在优劣势。

一、测验步骤

(1) 选择职业角色。设想自身未来的目标职业(如维修人员、幼儿教师等)或从兼职经历中选一个角色。

(2) 进行职业行为观察。对于选定的职业角色，寻找对应的该职业人员，观察其 3 种高频行为(如维修人员反复检查螺丝、幼儿教师安抚哭闹儿童时先蹲下说话)，分析行为背后的自我特质(如反复检查说明高度负责，蹲下说话则表明共情力强)。

(3) 制作职业能力平衡轮图。画出八等分圆，标注该职业所需能力(如动手能力、耐心、沟通能力、抗压能力等)。设想自己为该职业人员，按 1～5 分对每种能力进行自评。

二、成果提交

提交图文报告，包含职业观察日记、职业能力平衡轮图，并用一句话对自己做出行动承诺(如"为减小沟通能力差距，下周我将对该能力进行刻意训练，主动与不认识的同学交流")。

知识拓展

双耳分听实验

1953 年，在一项实验中，英国心理学家彻里给被试者的两耳同时呈现两种信息，让被试者大声重复从一个耳朵(追随耳)中听到的信息，并检查其从另一耳(非追随耳)中所获得的信息。结果发现，被试者从非追随耳得到的信息很少，仅能分辨是男音还是女音，并且当原来使用的英文材料改用法文或德文呈现，或者将课文颠倒时，被试者也很少能够发现。这个实验说明，从追随耳进入的信息，由于受到关注，因而得到进一步加工、处理，而从非追随耳进入的信息，由于没有受到关注，因而没有被人们所接收。这个实验也成为注意的单通道模型的依据。

　　1960 年，格雷等人在一项实验中，通过耳机给被试者两耳依次分别呈现一些字母音节和数字，左耳为 ob-2-tive；右耳为 6-jec-9。他们要求被试者追随一个耳朵听到的声音，并在信息呈现之后进行报告。结果发现，被试者报告的既不是 ob-2-tive 和 6-jec-9，也不是 ob-6、2-jec、tive-9，而是 objective，如图 2-1 所示。格雷的实验证明，来自非追随耳的部分信息仍然受到了加工。

图 2-1　格雷的双耳分听实验

自我认识探索工具页

任务 2.2　大学生自我意识的完善

成长案例

"麻雀变凤凰，我多么希望它不是神话，但是现实让我清醒：我只是一只小小鸟，永远也无法像雄鹰一样翱翔天际。"流畅的文字却透露出无尽的伤感。写这话的女生是一个英语系二年级的学生，她去心理咨询的目的很明确，就是克服自卑。她说自卑像一块巨石压得她无法呼吸，她想寻找解救自己的办法。她说话像美文、像诗，心理咨询师不失时机地赞扬她，她的回应却很冷漠："我只是用中文表达出来而已，我又不会用英语。"她对自己的相貌、家境、学习成绩甚至一口方言都很不满意，认为自己一无是处。她列举了从童年到大学很多令她自卑的事情。小时候，幼儿园表演节目挑选小朋友，她因为又矮又黑，从来没有被选中过，直到现在她都没有登台表演的经历；她想努力学习，以优异的成绩引起大家的关注，可是即使她付出几倍的时间和精力，也比不上聪明女孩的成绩；寝室卧谈会大家兴高采烈地讲述高中趣事，她也参与其中，结果自己的故事和自己的方言成为室友的笑柄；大一时她曾买了一条流行的裙子，她听见寝室一位同学说她"再怎么穿也是一个土包子"，她对着镜子越看越觉得自己真的和裙子不相配；曾有一个男孩接近她，讨好她，结果只是利用她给室友带一封情书……

她说自己真的很在乎别人对自己的看法，害怕听到别人谈论或者批评自己，但是却经常能听到关于自己的负面评价。为了让自己保留相对安全的心理空间，她从大一下学期起就拒绝与同学打交道，独来独往。这种状态维持了近一年，也没有人主动关心过她。她说其实她内心很羡慕那些长相好、学习好的同学，她觉得自己的人生太失败，永远不会有成功和快乐。

思考：这位女生的问题该如何解决？

心理知识

一、大学生自我意识健全的标准

健全而正确的自我意识是大学生心理健康的重要标志，它在大学生人格的形成、发展和优化中，始终发挥着强大的动力作用。培养健全的自我意识对大学生的成长至关重要。

那么，什么是健全而正确的自我意识？我们根据什么来评价一个人的自我意识是否健全呢？正如心理健康的标准一样，目前心理学家对于这一问题尚无统一的界定，但他们在论述心理健康的标准时对于自我意识都有相应的表述。比如美国心理学家奥尔波特提出的心理健康的六条标准里有"能客观地看待自己";马斯洛和米特尔曼提出的心理健康的十条标准中有两条涉及自我意识,即"能充分地了解自己,并能对自己的能力做出适度的估计"和"能适度地发泄情绪和控制情绪";我国著名学者樊富珉教授提出的大学生心理健康的七条标准也对自我意识问题做出了相关规定。这些都为探讨大学生健全的自我意识问题提供了重要的参考价值。

有关研究表明,自我意识健全的标准也是相对的,针对自我意识不健全而言,其标准有以下几条:

第一,自我意识健全的人,应该是一个有自知之明的人,既知道自己的优势,又知道自己的劣势,能正确评价自我和发展自我;

第二,自我意识健全的人,应该是自我认识、自我体验和自我控制相协调的人;

第三,自我意识健全的人,应该是积极自我肯定的、独立的并与外界保持一致的人;

第四,自我意识健全的人,应该是理想自我与现实自我统一,有积极的目标意识和内省意识,积极进取、永无止境的人。

二、大学生自我意识的完善

大学是学生自我意识增强的重要阶段。大学生应根据自我意识健全的标准,不断完善自我意识。自我意识的完善,是引导大学生按照社会要求自觉地对客体进行自我意识的教育,是自我意识的最高表现,是大学生完善个性、实现自我价值的重要途径。大学生自我意识的完善应从以下几个方面进行。

(一) 正确认识自我

正确认识自我是自我意识完善的基础。"人贵有自知之明",一个人真正的伟大之处,就在于他能够科学地认识自我。如果一个人能够全面正确地认识自我,客观准确地评价自我,他就能够量力而行,确立恰当的奋斗目标,并为实现这一目标而做出不懈努力。因此,大学生要确立多种参考体系,从价值观、愿望、动机、兴趣、爱好、个性特征等多方面、多角度地认识自我,做到既不妄自尊大,也不妄自菲薄,获得客观而准确的自我评价。这样才能充分发挥自己的长处和优势,克服自己的不足和劣势,增长聪明才智,有效调控自我,提高自己参与社会的能力,协调自己与他人、社会的关系,积极发展自我和完善自我,实现自己的人生价值。具体来说,我们可以通过以下几种途径来正确认识自我,全面评价自我。

1. 通过自我反省来认识自我

孔子曰:"吾日三省吾身。"大学生已具备了一定的自我反省和自我评判的能力,在自我意识完善的过程中,大学生要学会自省,不断地对自己的心理活动进行反思来解剖自己和批评自己,经常检查自己的行为动机是否正确,行为过程中有无不足,行为结果有哪些收获和缺憾等。通过自我解剖和自我批评,大学生能够逐步加深对自己的认识,并在此基础上有的放矢地进行自我调整,使自我心理发展更加成熟。

认识自我可以从以下几个方面进行。

其一，认识自己眼中的"我"。这是指认识自己眼中实际观察到的客观存在的"我"，是对自己的客观认识，包括"我"的身体、容貌、性别、年龄、性格、气质、能力等。值得注意的是，客观存在的"我"既有确定因素，如身材高矮胖瘦、容貌美丑及性别等，也有不确定因素，如能力、气质、脾气等。这就要求我们用客观的和发展的眼光去获取自己眼中的"我"，而不是用僵化停滞的观点去认识自我。

其二，认识他人眼中的"我"。这是指在与他人交往时，通过他人的反应和评价而觉察到的"我"。需要指出的是，由于人际交往中有亲疏远近，不同关系的人对自己的反应和评价不同，因此这里所说的他人眼中的"我"是个体根据大多数人对自己的态度、情感反应而归纳出的结果。而且，由于社会经验、认识能力、个性特征等多种因素的影响，自己意识到的他人眼中的"我"与客观存在的他人眼中的"我"未必完全一致。大学生在认识他人眼中的"我"时，要力求客观，避免主观臆断。

其三，认识自己心目中的"我"。这即"理想我"，是自己在认识现实自我的基础上在内心勾画出来的一个未来的理想自我，是自己对自己的期许。"理想我"与现实自我之间总是存在一定的差距，设想或憧憬自己心目中的"我"能够帮助个体确立清晰完善的自我目标，使个体在现实自我与"理想我"之间产生强大的张力，以增强生活的信心和勇气。但如果自己心目中的"我"这一奋斗目标定位过高或过低，个体就容易产生自卑或自负心理，不利于自我意识的完善。因此，大学生在认识和确立自己心目中的"我"时，要把握好恰当的分寸和尺度，既不能好高骛远，也不能自我贬低。

2. 通过他人评价来认识自我

任何人关于自我的认识都不是与生俱来的，也不是凭空产生的，而是在社会交往中逐步获得的。一个人只有在社会交往中才能充分表现自我、展示自我、认识自我。离开了社会交往，人们就难以获得关于自我的全面认识。正确地认识他人对自己的评价，是自我认识的一条重要途径。大学生应积极主动地投身于认识世界、改造世界的社会实践活动中去，通过分析、综合和比较他人对自己的态度、期望、评价等信息，进一步认识自己。

大学生一般比较在意别人对自己的评价，尤其是具有一定影响力的评价者。正确分析他人对自己的评价，有助于发现被自己忽视的问题，即所谓的"当局者迷，旁观者清"。积极接受他人的建议，有助于大学生自我的良好发展。但现实生活中，也有一些大学生常常认为别人的评价不是很切合自己的实际情况，缺乏一定的客观性和公正性，因而对别人的评价产生抵触和排斥情绪。他人的正确评价有助于大学生自我意识的提高，他人的片面评价则可能会导致大学生进入自我意识的误区。因此，大学生应学会从分析他人对自己的评价中进一步认识自我。值得注意的是，大学生应对别人的评价有一个正确的态度，不因过高的评价而骄傲自满，也不为过低的评价而失去信心。

3. 通过比较来认识自我

唐太宗有句名言："以铜为镜，可以正衣冠；以史为镜，可以知兴替；以人为镜，可以明得失。"每个人在认识自我的过程中，总是不由自主地将自己和他人进行比较，他人是反映自我的一面镜子，与他人比较是客观、全面认识自我的重要方式。

有比较才有鉴别，有自知之明的人能够在比较中发现自己的优势，明确存在的不足，认识自己能力的高低、道德品质的好坏、追求目标是否恰当等。但是和他人比较时应该注意比较的合理性和科学性，选定恰当的参照系而不是盲目比较，即确立与什么样的对象比较，是与自己条件相类似的人，还是不如自己或强于自己的人；比较的内容是什么，是可变的因素还是不变的因素；如何比较，是运用停滞不变的观点还是用发展的眼光、辩证的方法去比较。

科学合理的比较对于积极的自我意识的形成具有重要意义。比较的定位越准确、视野越宽广、方法越科学，自我意识就愈加清晰而合理。因此，大学生在培养正确自我意识的过程中，要通过自我与他人的比较来认清自己的优势和劣势，达到取长补短、缩小现实自我和理想自我的差距的目的。

我们还应注意到，比较不仅包括通过与他人比较来认识自我的横向比较，还包括通过将自己的过去、现在和将来进行比较来认识自我的纵向比较。需要指出的是，大学生运用纵向比较培养正确的自我意识时，要注意以下两个方面的问题：一方面大学生要勇于超越自我，不要满足于现有的成绩；另一方面大学生应确立恰当的目标，要在自己的发展中比较，从比较中认识自我。

4. 通过结果分析来认识自我

社会实践是人的自我意识产生和发展的重要条件。在各种活动中充分展现自己的聪明才智、情感取向、意志特征和道德品质，并对活动及其结果加以分析，是大学生客观认识自我的途径之一。因此，在完善自我意识的过程中，大学生应正确分析自己的活动表现和结果，特别要从成功的经验和失败的教训中客观地认识自己的知识才能、兴趣爱好，进一步发挥自己的长处，弥补自己的不足。

一般情况下，人们能够通过自己活动的结果及社会效应来分析自己，但又经常受到成败得失的限制。其实任何一种活动都是学习，其成败得失都是一种收获，即所谓的"不经一事，不长一智"。但成败得失经验教训的价值因人而异。对于聪明而又善用智慧的大学生来说，成功的经验和失败的教训都可以促使他们在健全自我意识的基础上取得再一次或更大的成功。因为他们了解自己，有坚强的人格品质，善于学习和总结，这些都有助于他们在生活中避免失败。而对于某些意志薄弱的大学生而言，他们不能从失败中吸取教训，改变策略，追求成功，而是在受挫后产生恐惧心理，不能勇于面对现实和迎接挑战，不能从困境中走出，以致丧失许多良机，甚至还可能使成功的经验成为失败之源。因此，大学生在面对挫折和困难时，要正确地认识和对待，学会客观冷静地分析受挫原因，既不怨天尤人，也不过分自责，而是积极寻求补偿的途径，学会积极地进行心理防卫和心理调适，提高耐挫力和承受力，增强自信心，形成健全的自我意识。

(二) 积极接纳自我

俗语说："金无足赤，人无完人。"每个人都有自己的长处和短处，对自己的长处要充分发挥，对自己的短处也要正确对待。生活实践也充分证明了每个人的自我认知是最重要的，其中就包含了在正确认识自我的基础上积极接纳自我，这是完善自我意识的核心和关键。接纳自我，首先是要无条件地接受自己的一切，包括优点和缺点、成功和失败；其次是要欣赏自我的优点，肯定自己的价值，有自豪感、愉快感、满足感和成就感；再次是要正确分析自己的缺点和不完美，这是完善自我的起点，也是充满自信的表现。

通常情况下，人的短处有两种：一种是可以改变的，如不良习惯、缺乏毅力、脾气暴躁、情绪波动较大等，对此我们要积极主动地完善；另一种是无法弥补的，如身材矮小、相貌丑陋、四肢残疾等，对此也要面对现实，勇于接纳。同时大学生要注意提高自己的学识水平和内在修养，以"内秀"补偿"外丑"。大学生要经常总结和反省自我，建立自我意识发展的动态平衡。心理研究表明，大多数心理健康者能够表现出对自我的积极接受和认可，但也有一些人不能很好地接纳自我，通常表现为两种情况：一种是片面夸大自己的优点而产生极度的自我肯定和自负心理；另一种是过分夸大自己的缺点而产生极度的自我否定和自卑心理。这两种情况都会引起对自我的强烈不满和排斥，导致心理持续紧张和矛盾加剧，严重的还可能引发心理问题，甚至导致悲剧的发生。

(三) 有效控制自我

自我控制是人主动地改变自己的心理品质、特征及行为的心理过程，是大学生完善自我意识、完善自我的根本途径。很多大学生的自我期望较高，但由于各种主客观条件的限制，特别是缺乏足够的自制力和较强的意志力，他们经常遭受挫折和打击，无法实现预期的理想目标。大学生应根据自己的实际情况和社会发展的需要，确立适合自己的目标，对理想自我实现过程中遇到的身心矛盾和困扰进行合理的控制与调节，达到最终理想自我的实现与自我成功。

大学生在进行自我控制时，要处理好以下三个环节。

1. 确立合理的目标

合理的目标是人生发展的原动力，它能强化人的行为，挖掘人的潜力，并促使人向预定的方向发展。合理目标的确立，要坚持"立足社会，发展自我"的原则。大学生只有使自己的发展规划及行为符合社会准则和需求，将自身努力与社会发展保持一致，才能得到社会的认同。大学生要确立合理的目标，不要苛求自己，而要做到从个人实际出发。有的人做事力求完美，把自己的目标定得过高，不符合自己的实际能力，结果无力达到，陷入自责与痛苦中。有的人把自己的目标和要求确立在自己的能力范围之内，并且通过不断努力使目标得以实现，自然就心情舒畅。

2. 制订行动计划，学会自我管理

这是大学生进行自我控制的核心内容。许多大学生有良好的发展自我的愿望，但却不能根据发展目标，制订完善的行动计划和实施程序。也有一些学生制订了切合自己发展的行动计划，但未能贯彻实施。这些都是缺乏科学自我管理能力的表现。学会自我管理是锻炼和培养大学生自我控制能力的重要环节，大学生应注重培养主动的、内在的对自己实施管理活动的能力。它包括合理规划自己人生的能力、制订行动计划与实施的能力、科学安排时间的能力、控制自己情感和情绪的能力等。培养和提高自我管理能力对大学生具有十分重要的意义。

3. 提高自制力和意志力，培养健全的意志品质

大学生对自我的监督与修正，需要坚强的自制力和意志力作为保障。因为在实现人生目标的旅途上，既有各种本能欲望的干扰，又有各种外部诱惑的侵袭，这就决定了一个人

要想成就一番事业，必然要经历许多坎坷和挫折，甚至有时还要经历大风大浪的严峻考验。大学生只有提高自制力和意志力，培养健全的意志品质，才能够抵制各种诱惑，主宰自己的行为，做到对自我进行强有力的调节与控制，以保证理智约束自己的情感与行为，把握好自我前进的方向，最终实现理想自我。

（四）不断完善和超越自我

完善和超越自我是个体在认识自我、认可自我的基础上，自觉规划行为目标，主动调节自身行为，积极改造自己的个性，使个性发展适应社会要求的过程。

大学生完善和超越自我的过程，实质上就是大学生寻求自我统一的过程，是实现现实自我与理想自我积极统一的过程。所以，在不断完善和超越自我的过程中，大学生要处理好以下三个关键环节。

(1) 确立一个正确的理想自我目标。确立正确的理想自我，是不断完善和超越自我的前提条件。正确的理想自我是在自我认识、自我认可的基础上，按社会需要和个人特点确立的自我发展目标。大学生要积极探索人生，思考人生，树立正确的世界观、人生观、价值观和道德观，为理想自我的确立寻找合适的人生坐标和支点，从自己与他人、个体与社会的关系中认识有限人生的真正意义和价值，并通过实现这一目标而努力地完善自我和提升自我。

(2) 努力提升现实自我，重塑自我。努力提升现实自我，是不断完善和超越自我的重要途径。现实自我是一个矛盾复杂的统一体，其中有进步与落后的矛盾、创新与保守的矛盾、肯定与否定的矛盾等。大学生提升现实自我，就要勇于挑战自我，剖析自我，改变现实自我中不完善、不成熟的保守与落后的方面，发扬创新与进步的方面，从而不断战胜旧的自我，重塑新的自我。当然提升现实自我是一个长期的过程，大学生必须坚持不懈，持之以恒，付出一定的艰辛与努力，才能使现实自我不断地向理想自我靠拢，并最终实现自己的人生目标。

(3) 进行自我探究，逐步获得积极的自我统一。通过探究逐步实现积极的现实自我与理想自我的统一，是不断完善和超越自我的最高境界。自我统一意味着"主体我"与"客体我"的统一，意味着自我认识、自我体验和自我调控的统一。大学生在认真探索人生的过程中，为了逐步获得积极的自我统一，不仅要实现人生的自我价值，更要服务他人，服务社会，实现人生的社会价值。因此，大学生在获取自我统一的过程中，首先要分析和确认理想自我的正确性和可行性，然后再与现实自我相对照，分析两者之间存在的差距，最后要有针对性地、有计划地解决两者之间的矛盾，缩小理想自我与现实自我之间的距离，最终使现实自我逐步趋向于理想自我，达到两者之间相对完美的统一。

总之，自我意识的完善关系到大学生的健康成长，关系到大学生人格的成熟。人的发展是没有止境的，自我意识的完善也必将是一个循环往复、永无止境的过程。因此，大学生要在成长过程中不断进行自我探究，不断完善自我，发展自我，超越自我，追求一个独立的、完整的、最好的自我，努力迈向理想的成功之路。

活动体验

价 值 拍 卖

一、活动目的

(1) 激发对自身价值观念的思考，学会抓住机会，不轻易放弃。

(2) 明确人生态度。

二、活动准备

(1) 写有拍卖物品的不同颜色的卡片。

(2) 拍卖槌。

三、活动过程

1. 宣布规则。

(1) 拍卖物品如表 2-1 所示，每一件物品都有底价。

(2) 每人总共有 5000 元钱(概念上的)。

(3) 每件物品的封顶价是 5000 元(可多人同时买进)。

(4) 最低以 500 元为单位加价。

(5) 报价举手的同时叫价。

(6) 参与者应认真思考自己想要买什么物品，价高者得到物品。有出价 5000 元的，立即成交。

表 2-1　拍 卖 物 品　　　　　单位：元

拍卖物品	底　价	拍卖物品	底　价
友情	500	自由	1000
智慧	1000	周游世界	1000
随叫随到的美食	500	诚信	500
长寿	1000	大学录取通知书	1000
网络游戏	1000	爱情	500
孝心	500	金钱	1000
健康	1000	美貌	500
爱心	500	快乐	500

2. 首先拍卖友情，底价为 500 元。参与者叫价，价高者得。记录人做好记录，如某参与者投得友情，3000 元成交。

3. 然后按表 2-1 中的顺序依次拍卖，做好记录。

4. 拍卖完成后，讨论并分享感受。分享内容包括：

(1) 有没有参与者什么都没有买到？为什么？

(2) 你是否后悔得到你所买的东西？为什么？

(3) 拍卖过程中你的感受如何？

(4) 假如现在已经是你人生的尽头，看看你拥有什么东西，它对你来说是否仍有意义？

(5) 把自己最想要的东西写下来，想一想在现实生活中怎样才能得到它。

四、活动感悟(学生填写)

(1) _____

(2) _____

(3) _____

五、活动点评(老师填写)

(1) _____

(2) _____

(3) _____

训练与测评

自我和谐程度测评

表 2-2 为自我和谐量表，它包含 35 个个人对自己看法陈述的项目，填答时，要看清每句话的意思，然后选一个数字("1"代表该句话完全不符合你的情况，"2"代表比较不符合你的情况，"3"代表不确定，"4"代表比较符合你的情况，"5"代表完全符合你的情况)。每个人对自己的看法都有独特性，因此答案是没有对错的，你只要如实回答即可。

表 2-2　自我和谐量表

项　　目	完全不符合	比较不符合	不确定	比较符合	完全符合
(1) 我周围的人往往觉得我对自己的看法有些矛盾	1	2	3	4	5
(2) 有时我会对自己在某些地方的表现不满意	1	2	3	4	5
(3) 每当遇到困难，我总是首先分析造成困难的原因	1	2	3	4	5
(4) 我很难恰当表达我对别人的情感反应	1	2	3	4	5
(5) 我对很多事情都有自己的观点，但我并不要求别人也与我一样	1	2	3	4	5
(6) 我一旦形成对事物的看法，就不会再改变	1	2	3	4	5
(7) 我经常对自己的行为感到不满意	1	2	3	4	5
(8) 尽管有时候会做一些不愿意的事，但我基本上是按自己意愿办事的	1	2	3	4	5
(9) 一件事好就是好，不好就是不好，没有什么可含糊的	1	2	3	4	5
(10) 如果我在某件事上不顺利，我往往会怀疑自己的能力	1	2	3	4	5

项　　目	完全 不符合	比较 不符合	不确定	比较 符合	完全 符合
(11) 我至少有几个知心朋友	1	2	3	4	5
(12) 我觉得我所做的很多事情都是不该做的	1	2	3	4	5
(13) 不论别人怎么说，我的观点绝不改变	1	2	3	4	5
(14) 别人常常会误解我对他们的好意	1	2	3	4	5
(15) 很多情况下我不得不对自己的能力表示怀疑	1	2	3	4	5
(16) 我朋友中有些是与我截然不同的人，但这并不影响我们的关系	1	2	3	4	5
(17) 与朋友交往过多容易暴露自己的隐私	1	2	3	4	5
(18) 我很了解自己对周围人的情感	1	2	3	4	5
(19) 我觉得自己目前的处境与我的要求相距太远	1	2	3	4	5
(20) 我很少去想自己所做的事情是否应该	1	2	3	4	5
(21) 我所遇到的很多问题都无法自己解决	1	2	3	4	5
(22) 我很清楚自己是什么样的人	1	2	3	4	5
(23) 我很能自如地表达自己所要表达的意思	1	2	3	4	5
(24) 如果有足够的证据，我也可以改变自己的观点	1	2	3	4	5
(25) 我很少考虑自己是一个什么样的人	1	2	3	4	5
(26) 把心里话告诉别人不仅得不到帮助，还可能招致麻烦	1	2	3	4	5
(27) 在遇到问题时，我总觉得别人都离我很远	1	2	3	4	5
(28) 我觉得很难发挥出自己应有的水平	1	2	3	4	5
(29) 我很担心自己的所作所为会引起别人的误解	1	2	3	4	5
(30) 如果我发现自己某些方面表现不佳，总希望尽快弥补	1	2	3	4	5
(31) 每个人都在忙自己的事，我很难与他们沟通	1	2	3	4	5
(32) 我认为能力再强的人也可能遇到难题	1	2	3	4	5
(33) 我经常感到自己是孤立无援的	1	2	3	4	5
(34) 一旦遇到麻烦，无论怎么做都无济于事	1	2	3	4	5
(35) 我总能清楚地了解自己的感受	1	2	3	4	5

一、评分方法

自我和谐量表中，所有项目经因素分析可分为三类：自我与经验的不和谐、自我的灵活性和自我的刻板性。其中，自我与经验的不和谐包含的项目为(1)、(4)、(7)、(10)、(12)、(14)、(15)、17)、(19)、(21)、(23)、(27)、(28)、(29)、(31)、(33)，共计 16 项；自我的灵活性包含的项目为(2)、(3)、(5)、(8)、(11)、(16)、(18)、(22)、(24)、(30)、(32)、(35)题，共计 12 项；自我的刻板性包含的项目为(6)、(9)、(13)、(20)、(25)、(26)、(34)，共计 7 项。对于自我与经验的不和谐与自我的刻板性所对应的项目，表 2-2 中的数字 1～5 即为分值，而对于自我的灵活性所对应的项目需要反向计分，即表 2-2 的数字 1～5 分别对应 5～1 分。所有项目的得分相加即为总分。

二、评定标准

自我与经验的不和谐项目反映的是自我与经验之间的关系，包含对能力和情感的自我评价，以及对自我统一和无助感的评价等，更多地反映对经验的不合理期望；自我的灵活性项目反向预示自我的刻板和僵化；自我的刻板性项目仅与偏执有显著相关，这类项目含义有待进一步研究。

得分越高自我和谐程度越低。在大学生中，低于或等于 74 分为低分，75～102 分为中间分，103 分及以上为高分。

知识拓展

约哈里窗口理论

美国心理学家约瑟夫·勒夫特和哈里·英格拉姆提出了关于人自我认识的窗口理论，被称为约哈里窗口理论，如图 2-2 所示。

	自己了解的	自己不了解的
别人了解的	公开的自我	盲目的自我
别人不了解的	秘密的自我	未知的自我

图 2-2　约哈里窗口理论图

他们认为人对自己的认识是一个不断探索的过程，每个人的自我都有四部分：
(1) 公开的自我：也就是透明真实的自我，这部分自己很了解，别人也很了解；
(2) 盲目的自我：别人看得很清楚，自己却不了解的部分；
(3) 秘密的自我：自己了解但别人不了解的部分；
(4) 未知的自我：别人和自己都不了解的潜在部分，通过一些契机可以激发出来。
通过与他人分享秘密的自我，通过他人的反馈减少盲目的自我，人对自己的了解就会更多、更客观。

自我意识分析与完善工具页

项目 3　做一个终身学习者

在提倡终身学习的现代社会，对大学生来说，学习和学习能力对个人的生存和发展意义更加重大。学习首先会影响个人对未来人生的把握，大学生如果认识不到大学阶段学习的重要性，不知道为什么而学，就会因为缺乏目标而失去发展的动力，在不知不觉中虚度宝贵时光，失掉把握自己命运的机会；学习还会影响个人的生存质量，大学生如果不了解大学阶段的学习特点和规律，不能形成有效的学习策略，就会因学习效果不佳或学习效率不高而长期处于精神压力之中，降低大学生活的质量；学习也会影响个人对自我的认识，大学生如果不能掌握教育所要求的知识和技能，就会产生挫败感，从而怀疑自己的能力，产生"我不如别人"的自卑心理。

任务 3.1   大学生的学习动机

成长案例

小李，某高校大一学生。高中时，他的学习一直很不错，而且非常听老师的话，他会按照老师安排好的学习计划及时预习、复习、练习和巩固，学习的重点主要放在课本知识上，这种学习方式和态度赢得了老师的赞扬。进入大学以后，他仍然延续着高中的学习方法，老师上课讲什么，他就学什么，而且抱着课本不放，他经常会抱怨大学的老师不负责任，不给学生复习重点，不关心学生的学习情况，上课讲的内容和书本里不一样等。虽然他每天都把自己关在自习室里埋头苦读，可是每次考试成绩都很不理想。由于过分注重学习，小李从不参与学校的课外活动和社会实践，渐渐地他发现自己越来越不适应大学的学习生活了。努力和辛苦并没有换来与高中时候一样的回报，他开始怀疑自己，经历了十几年的寒窗苦读，到现在却突然觉得自己不懂什么是学习了。小李之所以出现这种情况，就是因为他不了解大学学习的特点。大学学习与高中学习存在着较大的差别，不适时地改变学习习惯和学习方法，是很难适应大学学习生活的。

思考： 小李哪里出现了问题？大学学习与高中阶段的学习有什么样的区别？

心理知识

一、学习的定义

联合国教科文组织在 1996 年发布的《教育：财富蕴藏其中》报告中指出，学习是指个体终身发展、终身教育的理念。

事实上，学习是一种十分复杂的心理现象，它的概念有广义和狭义之分。广义的学习是指动物和人在生活过程中，凭借经验而产生的行为或行为潜在的相对持久的变化。这是被世界各国公认的学习定义。广义的学习一般是指人类的学习。它既包括知识和技能的获得，也包括各种行为习惯、态度、人格特质的形成。学习所产生的结果既可以是积极、良好的，也可以是消极的、不良的。狭义的学习是指学生的专门学习，这一纵向过程可以从幼儿园持续到博士后。

(一) 学习是一种适应性活动

个体要生存，就必须适应环境的变化，与环境保持动态平衡。适应分为生理适应和心理适应两种：生理适应是在环境变化的作用下，个体生理结构、功能及行为的变化；心理适应是在环境变化的作用下，个体心理结构、功能及行为的变化。学习属于心理适应范畴，学习者与环境的相互作用是学习得以发生的客观基础。

(二) 学习是通过相应的行为变化得以体现的

个体之所以能适应环境，是因为在与环境相互作用的基础上，个体获得了有关经验，建立了一定的心理结构，并以此作为行为的调节机制。可以说，个体为适应环境而做出行为变化的过程，就是学习的过程。

(三) 学习是相对持久的行为变化

并非所有的行为变化都是由学习产生的，如生理成熟、疲劳、药物等因素亦可引起行为的变化。但学习引起的行为变化相对而言比较持久，并且变化速度与生理成熟相比也更快些。

(四) 学习是个体经历

学习是在个体与环境的相互作用中发生的，并非源于基因的改变或种族遗传，也非主观自生的产物。

(五) 学习是一种普遍存在的现象

人类和动物都可以进行不同程度、不同形式的学习。

二、学习动机

(一) 学习动机的含义

学习是有目的并需要做出意志努力的活动，需要持续的动力来推动。推动个体朝着目标持续努力的动力就叫作动机。形成动机必须具备两个条件：内驱力和诱因。内驱力是驱使人们产生行为以满足自身需要的内在动力。人的内驱力又分为生理的内驱力，如饿了要吃、困了要睡，以及社会的内驱力，如赢得尊重、实现自我价值。而诱因是激发个体动机的外部刺激，凡是驱使个体趋向或接近目标的外部因素都是正诱因，凡是驱使个体逃离或回避目标的外部因素都是负诱因。形成动机既需要内在动力也需要外在动力，因此动机是靠内驱力和诱因相互作用共同决定的。

学习活动需要学习动机来推动。激发个体进行学习活动，并使其朝向一定学习目标的动力就是学习动机。内驱力可以推动学习活动，如好奇心、求知欲能激发学习的主动性；诱因也可以推动学习活动，如外在的奖励、竞争的压力能激发学习的热情。

(二) 学习动机的基本成分

学习动机的两个基本成分是学习需要和学习期待，两者相互作用而形成学习的动力系统。

学习需要是指个体在学习活动过程中感到某种不足或缺陷而力求满足和填补的一种心

理状态。它的主要体现形式是学习者的学习愿望和学习意向。这种愿望和意向是驱使个体进行学习的根本动力，它包括学习的兴趣、爱好和学习的信念等。

学习期待是个体对学习活动所要达到的目标的主观估计，它是另一个构成学习动机的基本成分。学习期待与学习目标密切相关，但两者又不完全一样。

三、大学生的学习动机

(一) 学习动机之一：为兴趣而学

兴趣是最好的老师。做有兴趣的事情，我们不但不会觉得无聊，还能持之以恒，甚至以苦为乐。

(二) 学习动机之二：为自尊而学

每个人都有自尊的需要，这是一种认定自身价值的自我评价。能完成自己的学业，掌握一门生存的技能，能够在社会中独立地生存，是自尊的基本条件。

(三) 学习动机之三：为改变命运而学

对于出身于贫困家庭的学生来说，几代人脱离卑微贫困生活的希望都寄托在他们的学习上，这成了他们奋发学习的动力。当他们怀揣着来之不易的学费去上学，用着父母省吃俭用寄来的生活费时，他们深切体会着家庭为他们学业的付出，内心自然产生对家庭回报的责任感，这便成了他们拼命学习的巨大动力。

(四) 学习动机之四：为脱离困境而学

当一个人面对困境的时候会焕发出动力，它来自我们改变现状、脱离困境的强烈愿望。

四、大学生学习动机的发展特点

随着年级的升高，大学生的人生观、世界观等逐步形成，社会责任感和成就意识也逐步增强，反映到学习动机上，则是"在将来的工作领域中成就一番事业""做一个有益于人民、有益于社会的人"等社会性学习动机逐渐增强。

五、大学生学习动机不当的表现及原因

(一) 学习动机不当的主要表现

学习动机不当包括学习动机不足和学习动机过强，这两者都会影响大学生的学业效能感。学习动机不足的主要表现为：无明确的学习目标、为学习而学习甚至厌倦学习。学习动机过强的主要表现为：成就动机过强、奖励动机过强、学习强度过大。学习动机不足或过强都不利于学习。过强的学习动机易使学生产生过度焦虑，反而降低学习效率。耶克斯-多德森定律表明，学习动机的最佳水平与学习课题的难易程度有关。因此，大学生要对自己的实际水平有客观的评价，并根据学习难易程度对学习动机进行适当调节。

(二) 学习动机不当的主要原因

1. 学习动机不足的主要原因

高中阶段学生以高考为唯一的学习目标和学习动力，一旦目标实现，学生便松懈下来，没有及时树立更为远大的学习目标，造成了考上大学前后的动机落差。

有的大学生在大学低年级没有迅速适应大学学习生活，自我控制能力较差，容易受别人的影响，尤其不自觉地产生从众心理，诸如"别人谈恋爱，我也谈恋爱""别人玩，我也玩"。

学习动机不足的深层次原因是缺乏远大理想，没有树立正确的人生观，不明确"为什么活着""为什么上大学"等根本问题。

2. 学习动机过强的主要原因

学习动机过强的主要原因包括：个体学业期望过高，自尊心强；对自己的学习能力缺乏恰当的评估，因而造成学业效能感下降，心理压力大，渴望学业成功而又担心学业失败；受表层学习动机的驱使，渴望外在的奖励与肯定。

3. 学习动机不当的自我调整

当大学生发现自己学习动机不足时，应从以下三方面进行自我调整：一是正确认识学习的价值与大学的目标，重新规划学业与人生；二是调整心态，以积极的心态对待学习，特别是学习中遇到的挫折与困难，用意志战胜惰性；三是改进学习方法，提高学习效率与学业效能感，提高学业的自我价值与社会价值。

当大学生发现自己学习动机过强时，应从以下几方面进行自我调整：一是正确认识自己的潜质，制定恰当的学业目标与学业期望，调整成就动机，与此同时，脚踏实地，循序渐进，不好高骛远；二是转化表层学习动机为深层学习动机，淡化外在奖励特别是学业成就的诱因，正确对待荣誉与学业成绩；三是端正学习态度，树立远大理想，保持旺盛的学习热情，坚持不懈，以取得预期效果。

课堂案例

"我学习到底是为了什么呢？"

林某，男，19 岁，大二年级学生，优秀班集体班长，学习能力强，学习不错，但因所学专业与自己的志向不同，认为学了没用，所以学习没劲。他认为："的确没有哪条路不需要知识，可我学习就是没劲，为什么学？学什么？现在所学的每门课我不用上课，只需考前复习两三天就能考出较好成绩，剩下的时间没事可干，我就找朋友、同学网上聊天，现在就连聊天我也不感兴趣了。"

学习没劲，说到底是学习动力不足。相当一部分大学生存在着不同程度的学习动力不足的问题。造成学习动力不足的原因很多：从外因看，有家庭教育和学校教育的失误，如家长期望过高、教育方法不当、教师态度生硬、社会不良风气的影响；从内因看，包含学习目的不明确、学习无兴趣、自制力较差、懒惰、放纵等。增强学生学习动力，一方面要靠外部教育环境的改善，另一方面自身的调节和改变也很重要。具体方法如下：

(1) 充分认识学习的意义；

(2) 面对学习上的失败要进行正确的归因；

(3) 全面评价自我，恢复自尊与自信；

(4) 扬长避短，重新规划，塑造自我。

六、大学生学习动机的培养和维持

(一) 尽早确定大学阶段的学习目标

大学生应尽早确定在校期间的学习目标，使学习生活进入有序的轨道。大学生如果只跟着感觉走，升学的兴奋感、新鲜劲儿一过，就容易陷入迷茫之中，会在不知不觉中浑浑噩噩地虚度时光。要确定大学阶段的学习目标，大学生首先要明确三个方面的问题：自己的理想和愿望、自己的能力及社会对人才的需求。

大学阶段的学习目标又可以分为三类：知识目标、能力目标和个性化目标。知识目标包括学科考试成绩达到何种标准，是否争取拿到奖学金，外语、计算机达到何级水平，取得哪些专业资格证书等。能力目标包括：人际交往的能力、语言表达能力、独立自主的能力、抵抗挫折的能力等，以及希望达到的水平。个性化目标是大学期间想要做的一些特别的事情，如进行一次推销、献一次血、当一回青年志愿者、到向往的地方进行一次旅行等。在确定目标时要注意：目标不能定得太低，太低不能激发实现它的动力；目标也不能定得太高，太高又会使人失去实现它的信心。

(二) 制订学习计划

目标的实现有赖于切实可行的计划，大学生刚进入学校时，对大学教育的情况不太了解，制订的计划可能会脱离实际，因此可以向本专业的学长、学姐请教，了解他们学习生活的情况，以此为参照制订自己的学习计划。制订学习计划可按以下几个步骤。

(1) 分解学习目标：看看哪些目标的实现有时限要求，哪些目标贯穿整个大学阶段，哪些目标需要逐步实现，分成几步，每一步该达到什么标准。

(2) 制订宏观学习计划：把分解后的学习目标按时间的顺序分配到每一个学年、每一个学期、每一个寒暑假，注意要把三类目标都包括在内。

(3) 制订日常学习计划：目标的实现靠的是日积月累，日常学习计划是实现目标的基石，除上课以外，其他自主的时间要安排得当，制订详细的月计划、周计划和每日学习计划，使预习复习、读书自学、培训充电、体育锻炼、社会活动等都能有条不紊地进行。

大学生制订计划时要注意：计划应具有可操作性，不要过于复杂；计划也应该具有一定的弹性，以应对实际情况的变化，过分严格的计划在执行时较难坚持，最终会影响目标的实现。

(三) 保持学习动力

在大学学习期间，遇到困难在所难免，如何才能保持学习动力，坚持到底，并最终实现自己的学习目标？试一试下面几种方法。

(1) 自我强化。把成功分成小块，每当自己取得一个小小的成功时，就给自己一个奖励。这种成功的体验能不断提高个人的自信心，增强学习的愉悦感，从而较好维持对学习的热情。

(2) 正确归因。当遭遇挫折和失败时，如何归因会影响到个人将来的学习行为。如果把失败归因于自己不够努力，个人将来就可能会更努力地学习以避免再次失败；但如果把失败归因于自己的能力不够或运气不好等这些不可控的因素，个人就可能不会努力改变自己的行为。

(3) 修正目标和计划。美国心理学家默里认为，每个人都有施展才能、追求成功的愿望和趋势，这叫成就动机。成就动机包括两部分：一是追求成功的动机，即最大限度地追求可能的成功，看重成功带来的积极情感；二是避免失败的动机，即尽可能避免失败，在意失败带来的消极情感。大学生应根据自己成就动机的特点来修正自己的目标和计划：如果你是一个以追求成功动机为主的人，就可以将自己的目标设置得高一些，获得重大成功的喜悦能激发你高昂的学习动力；但如果你是一个以避免失败动机为主的人，你就应该将自己的目标定得低一点，以减小失败风险给你的压力，保持正常的学习动力。

活动体验

"我的生命之树"——自我探索与成长

一、活动目标

从多角度认识自我，整合过去经历与未来期待，增强自我认同感。

二、活动准备

足够数量的纸和笔。

三、活动过程

(1) 绘制生命树：画一棵代表自己的树。其中，在树根处写下影响自己成长的家庭、文化或重要经历；在树干处标注自己的性格与核心能力；在树枝处描绘未来的职业、生活等目标；在果实处标记已取得的成就；在落叶处写下曾面对的挫折及从中获得的成长感悟。

(2) 小组分享：4～5 人分为一组，轮流分享画作，并对以下问题进行重点交流。

① 哪个部分最难画和填写？为什么？

② 自己从他人的生命之树中获得的启发。

(3) 集体总结：讨论"如何接纳不完美的部分""哪些资源可助力未来成长"等问题，每组由一位同学上台分享。

四、活动感悟(学生填写)

(1) _____

(2) _____

(3) _____

五、活动点评(老师填写)

(1) _____

(2) _____

(3) _____

训练与测评

学习动机调查

学习动机调整问卷用于了解大学生在学习动机、学习兴趣、学习目标上是否存在行为困扰，由 20 个题目组成。测试时，请仔细阅读问卷中的每一个题目，并与自己的实际情况相对照，若觉得相符，则计 1 分，不相符不计分。

(1) 如果别人不督促你，你极少主动地学习。

(2) 你读书时需要很长的时间才能提起精神来。

(3) 你一读书就觉得疲劳与厌倦，只想睡觉。

(4) 除了老师指定的作业外，你不想再多看书。

(5) 如有不懂的，你根本不想方设法弄懂它。

(6) 你常希望自己不用花太多的时间成绩就会超过别人。

(7) 你迫切希望自己在短时间内大幅度提高自己的学习成绩。

(8) 你常为短时间内成绩没能提高而烦恼不已。

(9) 为了及时完成某项作业，你宁愿废寝忘食、通宵达旦。

(10) 为了把功课学好，你放弃了许多感兴趣的活动，如体育锻炼、看电影与郊游等。

(11) 你觉得读书没意思，想去找个工作做。

(12) 你常认为课本的基础知识没什么好学的，只有看高深的理论、读大部头作品才带劲。

(13) 你只在喜欢的科目上狠下功夫，而对不喜欢的科目放任自流。

(14) 你花在课外读物上的时间比花在教科书上的时间要多得多。

(15) 你把自己的时间平均分配在各科上。

(16) 你给自己定下的学习目标，多数因做不到而不得不放弃。

(17) 你几乎不费力就能实现你的学习目标。

(18) 你总是同时为实现几个学习目标而忙得焦头烂额。

(19) 为了应对每天的学习任务，你已经感到力不从心。

(20) 为了实现一个大目标，你不再给自己制订循序渐进的小目标。

一、评分方法

将各题得分相加，算出总分。

二、评定标准

总分为 0～5 分，说明在学习动机上有少许问题，必要时可调整；总分为 6～13 分，说明学习动机上有一定的问题和困扰，可调整；总分为 14～20 分，说明学习动机上有严重的问题和困扰，需加大调整力度。

上述 20 个题目可分成 4 组：(1)～(5)题考查学习动机是不是太弱；(6)～(10)题考查学

习动机是不是太强；(11)~(15)题考查学习兴趣是否存在困扰；(16)~(20)题考查学习目标上是否存在困扰。

如果测试者对某组(每组 5 题)中的大多数题目持认同的态度，则说明他们在相应的部分存在一些不够正确的认识，或存在一定程度的困扰。

知识拓展

桑代克迷笼实验

桑代克从 19 世纪末就开始进行了大量的动物学习的实验研究，其中最著名的实验是1898 年进行的饿猫学习逃出迷笼获得食物的实验。

桑代克将饥饿的猫禁闭于迷笼之内，如图 3-1 所示，饿猫可以用抓绳、按钮等不同的动作逃出笼外获得食物。饥饿的猫第一次被关进迷笼时，开始盲目地乱撞乱叫，东抓西咬，经过一段时间后，它可能做对了打开迷笼门的动作，逃出笼外。桑代克重新将猫关入笼内。记录每次从实验开始到猫做出打开笼门的正确动作所用的时间。

图 3-1　桑代克迷笼实验装置

经过上述多次重复实验，桑代克得出猫的学习曲线，如图 3-2 所示。该曲线呈现了猫逃脱迷笼所需时间与实验次数的关系。桑代克认为猫是在进行"尝试错误"的学习，经过多次的尝试错误，饿猫学会了打开笼门的动作。因此，有人将桑代克的这种观点称为学习的"尝试错误说"，或简称为"试误说"。

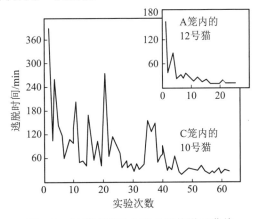

图 3-2　桑代克实验中两只猫的学习曲线

　　在实验的基础上，桑代克提出了三条学习定律。

　　(1) 准备律。准备律强调反应者的一种内部心理状态。一切反应都是由个人的内部状况和外部情境所共同决定的。因此学习不是消极地接受知识，而是一种积极的活动。学习者必须要有某种需要，体现为兴趣和欲望。此外学习者还应有良好的心理准备，包括对情境作出反应所必不可少的素养和能力准备。

　　(2) 练习律。练习律的实质就是强化刺激与反应的感应结。反应在情境中用得越多，它与这个情境的联结就越牢固。反之，长期不用这个反应，这种联结就趋于减弱。后来，桑代克修改了这条定律，他指出对这个反应的结果给以奖赏取得的效果比单纯的重复练习更大些。

　　(3) 效果律。这个定律强调个体对反应结果的感受将决定个体学习的效果。即如果个体在某种情境所引起的反应形成可变联结之后伴随着一种满足的情绪，这种联结就会增强；反之，如果伴随的是一种使人感到厌烦的情绪，这种联结就会减弱。桑代克在 20 世纪 30 年代进一步考察了这条定律后发现，感到满足比感到厌烦能产生更强的学习动机，因此他修正了效果律，更强调奖赏，而不过于强调惩罚。

学习动机特点与规律探索工具页

任务 3.2　大学生的学习能力

成长案例

　　小高进入大学后，学习变得非常吃力。一个学期他要同时学很多门陌生的课程，而且有些课程居然没有教材。有些课程虽然有教材，但老师讲的内容有很多是教材里没有的，这使小高下课后都不知该怎么复习。有些老师会列出一个长长的书单要求大家课后阅读，小高觉得自己一年也看不完那么多书。由于他还不会在网上获取参考资料，因此完成老师布置的一些作业就变得非常困难。还有计算机课，也是他的噩梦。小高以前很少有机会用电脑，在计算机课上，他不得不一次又一次地打断旁边的同学，请别人帮助自己找老师说的东西，同学的不耐烦让他感觉十分屈辱。英语课上老师说的话他完全听不懂，最让他绝望的是：只要他一开口说英语，周围马上就会响起阵阵压抑着的笑声……小高每天都学得很累，晚上躺在床上却难以入睡，为自己没有完成的学习计划而自责，为明天的上课、作业而焦虑。想到一天天临近的期末，他的心里一阵阵紧张。

心理知识

　　大学阶段是人生中学习的黄金时期。学习是大学生的首要任务和主要活动。学生要注重学习能力的培养，逐步形成自己的学习方式、知识结构，克服思维定式势，学会自我管理，充分开发自己的潜能，使自己成为一个全面型、创新型人才。

一、大学生学习能力的培养

　　学习能力是指学生在获取新知识、新技能的活动中所表现出来的一种综合能力。大学是一个新的教育阶段，要顺利完成这一阶段的学习任务，大学生需要培养一些新的学习能力。

（一）自学能力

　　大学生在校学习时间很短，在短短的几年时间里掌握本专业的所有知识确实不易，更何况知识还在不断更新之中，所以，要真正掌握好专业理论知识并跟上本专业的发展，大学生就必须具备自学能力。

　　自学能力是指大学生在主动而独立地获取新知识、新技能的活动中，所表现出来的一种综合能力。它是阅读能力，资料检索和整理能力，融会贯通的能力和发现、分析、解决问题能力的综合，也包含对所学知识技能进行独立选择、综合和应用的能力。自学能力是大学生最基本的学习能力，多数学生能较快地适应大学学习，凭借的是他们良好的自学能力。

自学能力的关键要素是自主的学习方法和积极的学习态度。一般而言，大学阶段的学习已不再是死记硬背教师整理过的一些东西，而是需要自主理解和消化学习内容。

(二) 元认知能力

学会学习实际上就是掌握学习策略的过程，学习策略是一系列有目的的活动，是学生在学习过程中选择、使用、调节和控制学习方法、技能、技巧的操作活动。学习策略是能否有效地进行学习的重要因素。《学习的革命》中提出了以下问题，"学校应该教什么？""怎样学习，怎样思考？"也就是说，大学生首先要学习人的大脑是怎样工作的，记忆是怎样工作的，人是怎样储存信息、找回信息、将信息与其他概念相连并在需要时马上查出新知识的。这是对认知活动的认知，也就是心理学中的"元认知"，元认知能力对人的学习活动很重要，对于一个学生能否掌握科学的学习方法和具有正确的学习策略，起到至关重要的作用。一个学习成绩不理想的学生不可能拥有很多有关学习策略方面的知识，不会有好的学习方法，即其元认知能力较差，他不能很好地对自己的认知活动进行再思考、再认知和积极的监控。

(三) 实践操作能力

大学阶段的学习可分为理论学习和实践学习两大部分。其中，强调实践学习是高职教育有别于普通高等教育的重要特色，是高职教育的生命力所在。实践操作能力是衡量高职院校人才培养质量的一项重要指标。

实验课是培养大学生实践操作能力的重要教学手段。实验是一项模拟实际环境条件、带有实践操作的学习活动。实验课一般都包括实验设计、实验操作和实验总结三个阶段，学生在每一个阶段的工作中都应认真、严格地执行；做实验时应完成实验预习、实验操作和实验报告三个基本步骤。实验预习要求学生对实验内容和步骤有全面的了解，理解实验的理论基础和实验的目的要求，并准备好实验的记录表等；实验操作中学生应本着严肃的科学态度，认真细致地按规则进行操作，勤于动手，独立解决问题；编写实验报告时，学生应用正确的方法处理和分析数据，实事求是地报告实验结果。

专业实践活动也是提高实践操作能力的重要手段。到工厂、企业、公司等机构参观是其中一种形式。在参观中学生要学会观察和思考，不要走马观花，也不要只追求热闹和新奇，而要找到事物背后的关系和联系，发现事物运行的关键所在，这样才能形成对未来职业理性的认识。到学校实践教学基地实习是另一种专业实践活动。置身于真实的职业环境中，体验未来将从事的工作，这是大学生在入职前培养实践操作能力的绝佳机会，大学生只有把自己当成真正的职业人，认真完成工作任务，履行工作职责，承担工作责任，才能形成对自己未来职业丰富的、深入的认识，完成未来职业的"彩排"。

(四) 有用信息摄取能力

在如今这个信息爆炸的时代，大学生要随时获取最新的资讯才能与时俱进。要快速有效地摄取有用的知识和信息，大学生必须用好两样工具：一是计算机，二是英语。

信息时代已经到来，信息科学与信息技术方面的素养已成为大学生进入社会的必备条件。虽然不是每个大学生都需要懂得计算机原理和编程知识，但大学生都应该能熟练地使用计算机、互联网、办公软件和搜索引擎，都应该能熟练地在网上浏览信息和查找专业知识。在 21 世纪，使用计算机和网络就像使用纸笔一样是人人必备的基本功。

随着国际交流增多，跨语言沟通显得越来越重要，英语成为一门重要的世界语言。在未来的几十年里，世界的权威新闻、前沿思想和高端技术，以及不同国家的人的交流的主要载体仍将是英语。因此，大学生一定要具备一定的英语基础。

(五) 选择能力

大学教育比中学教育更开放和多元，每个学生应根据自己的兴趣、目标来选择和确定自己的发展方向、发展速度和期望达到的水平。

1. 在知识上的选择

大学教育要求学生修完一定数量的课程，所涉及的内容非常广泛，课程的性质、要求也不相同，一个学生不可能对每门课程都有全面深入的掌握，这需要学生自己做出选择。对于专业理论课、实操课程，大学生需要认真、细致、系统地学习和熟练地掌握；而对于基础文化课程，大学生可按照自己的兴趣爱好和发展需要，进行拓展性学习。

2. 在努力上的选择

小时候老师总是教育我们"努力、努力、再努力"，但在大学阶段，只努力是不够的，大学生还要学会对努力进行管理。大学生要学会选择努力的方向和努力的程度；要知道在何种情况下应该继续努力、在何种情况下应该停止努力。能对努力进行管理，是成熟的标志。一味地埋头苦读，可能是一种消极、被动的成长方式。不是每件事情都应该做出 100% 的努力，这既没有必要，也不大可能，关键是认清努力的方向。大学生应该明确自己在知识、能力和性格上的优势，在这些方面加以提高和努力，以便将来能发挥自己的长处，而不要同时在多件事情上都做 100% 的努力。著名学者于丹从小数学成绩就不好，她并没有跟数学去较劲，而是把兴趣放在了中国古代文学和思想上。因此，学会有选择地努力是大学生发展的新课题。

二、大学生学习潜能的开发

当今时代，大学生不仅要重视知识的获得、知识结构的完善和各种能力的培养，更要重视学习潜能的开发。教育必须走向开发创造性思维、重视人潜能发挥的道路。

(一) 非智力因素的培养

非智力因素是相对智力因素而言的，是指那些不直接参与认识过程，但对认识过程起直接制约作用的心理因素，主要包括动机、兴趣、情感、意志、气质和性格等。智力是一种潜在的能量，非智力因素则是智力活动的动力，环境和教育是智力开发的外部力量。在智力活动中，人的智力因素要想发挥最大效能，必须有优良的非智力因素的积极参与，否则智力潜能就不能有效地转化为智力行为。人类完全可以通过主观努力，能动地利用有限的外部条件开发自己的智力潜能，使之充分发挥至最大限度。

家庭、环境和学校教育对于非智力因素的培养起着重要作用，但它们并不能直接决定人的非智力因素，相比之下学生本身的自我教育更为重要。

(二) 元认知的培养和训练

元认知的实质就是人对认知活动的自我意识和自我调节。自我意识是人们意识的最高形式，自我意识的成熟是人的意识的本质特征。自我意识以主体及其活动为意识的对象，因而对人的认识活动起着监控作用。自我意识的监控可以实现人脑对信息的输入、加工、储存、输出的自动控制系统的控制，这样，人就能通过控制自己的意识而相应地调节自己的思维和行为。所谓认知活动的自我调节则表现在主体根据活动的要求，选择适宜的解决问题的策略，监控认知活动的进行过程，不断获得和分析反馈信息，及时相应地调节自己的认知过程，坚持或更换解决问题的方法和手段。其中，主体主动地进行自我反馈是非常重要的，它使主体能及时发现认知活动的盲目性、冲动性，提高认知活动的效率与成功的可能性。

元认知对人们的智力、思维活动起着监控、调节的功能，它的发展水平直接制约着智力、思维的发展水平。大学生的学习潜能开发同样要求在教学过程中加强学生元认知的培养和训练。

(三) 创造性思维的培养

1. 学会发散思维

发散思维是指在解决问题的过程中，沿着各种不同的方向去思考，寻找多种可能的答案、结论或假说的思维方式。在创造性思维活动中，发散思维占据着主导作用。大学生在学习过程中应该自觉地、有意识地培养这种发散思维能力，经常进行发散思维的训练，以提高学习过程中的创造性。

2. 学会逆向思维

逆向思维又称反向思维，即"反过来想一想"的思维。大学生在思考问题时，通常习惯于正向推理，而往往忽视了事物之间互为因果的关系以及事物具有双向性和可逆性的特点。因此，大学生在学习中应尝试从相反的方向看问题，逆向思维对学习问题的解决往往起到突破性的效果。

3. 重视直觉和灵感

正确地利用直觉和灵感是培养创造性思维的重要方法。爱因斯坦强调，在科学创造过程中，从经验材料到提出新思想之间，没有"逻辑的桥梁"，必须诉诸灵感和直觉。直觉和灵感的产生又是建立在大量丰富的知识经验，长期的、紧张的思考和探索的基础之上的。可见，学习和思考是运用直觉和灵感的前提。

活动体验

时 间 馅 饼

一、活动目的

(1) 对自身的时间管理有一个全面的认识。

(2) 学会发现学习的最佳方法，做时间的主人。

二、活动准备

(1) 做好活动分组准备。

(2) 收集和时间有关的名言警句。

(3) A4 纸和彩笔若干。

三、活动过程

(1) 分享课前收集的名言警句。

(2) 根据老师的提示(撕去纸条可以代表睡觉、吃饭、聊天等事情)撕纸条，并在撕下的纸条上标明时间和事情。

(3) 学生将手中剩下的纸条与其他同学进行对比，并与组内同学分享交流。

(4) 制作时间馅饼。老师提示学生把自己每天大致进行的各种活动所用的时间在另一张完整的纸上画一个饼图。

(5) 分享交流。同学两两分享自己的饼图，看看别人和自己的安排有什么不同。每个组推荐一个代表在班上进行分享，其他同学进行补充。

(6) 设计最佳馅饼。学生根据一日 24 小时设计规划自己的最佳"时间馅饼"，其中包括学习、娱乐、休息等的时间(在刚才画的图上进行修改，并涂上不同的颜色)。画完以后进行展示。

(7) 交流与思考，老师总结。

四、活动感悟(学生填写)

(1) _____

(2) _____

(3) _____

五、活动点评(老师填写)

(1) _____

(2) _____

(3) _____

训练与测评

学习技能测试

表 3-1 中有 25 个陈述，每个陈述有 5 个选项，请你根据自己的实际情况选择一个选项。其中，A 表示很符合自己的情况，B 表示比较符合自己的情况，C 表示很难回答，D 表示较不符合自己的情况，E 表示很不符合自己的情况。

表 3-1　学习技能测试量表

项　　目	选　项				
	A	B	C	D	E
(1) 会记下阅读中的不懂之处					
(2) 经常阅读与自己专业无直接关系的书籍					
(3) 在观察或思考时，重视自己的看法					
(4) 重视预习和复习					
(5) 按照一定的方法进行讨论					
(6) 做笔记时，把材料归纳成条文或图表，以便理解					
(7) 听人讲解问题时，眼睛注视着讲解者					
(8) 利用参考书和习题集					
(9) 注意归纳并写出学习中的要点					
(10) 经常查阅字典、手册等工具书					
(11) 面临考试，能克服紧张情绪					
(12) 认为重要的内容，就格外注意听讲和理解					
(13) 阅读中若有不懂的地方，非弄懂不可					
(14) 联系其他学科内容进行学习					
(15) 动笔解题前，先有个设想，然后抓住要点解题					
(16) 阅读中碰到重要的或需要记住的地方，就划上线或做上记号					
(17) 经常向老师或他人请教不懂的问题					
(18) 喜欢讨论学习中遇到的问题					
(19) 善于汲取别人好的学习方法					
(20) 对需要记牢的公式、定理等会反复进行记忆					
(21) 观察实物或参考有关资料进行学习					
(22) 听课时做好笔记					
(23) 重视学习的效果，不浪费时间					
(24) 如果实在不能独立做出习题，就看了答案再做					
(25) 能制订切实可行的学习计划					

一、计分方法

A 为 5 分，B 为 4 分，C 为 3 分，D 为 2 分，E 为 1 分。把每题的分数相加，算出总分。

二、评定标准

101 分以上，代表学习技能掌握得非常好；86～100 分，代表学习技能掌握较好；66～

85 分，代表学习技能掌握一般；51～65 分，代表学习技能掌握较差；50 分以下，代表学习技能掌握很差。

知识拓展

艾宾浩斯遗忘曲线

德国著名心理学家艾宾浩斯在 1885 年出版了《关于记忆》一书，提出了"艾宾浩斯遗忘曲线"。此后，记忆就成了心理学中被研究最多的领域之一，而艾宾浩斯也成为发现记忆遗忘规律的第一人。

根据我们所知道的，记忆的保持时间是不同的。记忆有短时记忆和长时记忆两种。我们平时的记忆过程如图 3-3 所示，输入的信息在得到人的注意后，便成了人的短时记忆，但是如果不经过及时的复习，这些记忆就会被遗忘；而经过了及时的复习，这些短时记忆就会成为人的一种长时记忆，从而在大脑中长期保持。

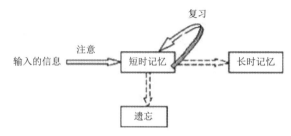

图 3-3 记忆过程

所谓遗忘就是指人对于曾经记忆的东西不能再认和回忆，或者进行错误的再认和回忆。艾宾浩斯以自己为测试对象，得出了一些关于记忆的结论。他选用了一些根本没有意义的音节，即不能拼出单词的众多字母的组合，比如 asww、cfhhj、ijikmb、rfyjbc 等。他经过对自己的测试，得到了一些数据，如表 3-2 所示。

表 3-2 艾宾浩斯的实验数据

时 间 间 隔	记 忆 量
刚刚记忆完毕	100%
20 分钟之后	58.2%
1 小时之后	44.2%
8～9 个小时后	35.8%
1 天后	33.7%
2 天后	27.8%
6 天后	25.4%
1 个月后	21.1%

然后，艾宾浩斯又根据这些数据描绘出了一条曲线，这就是非常有名的揭示遗忘规律的曲线——艾宾浩斯遗忘曲线，如图 3-4 所示，曲线表示记忆量变化的规律。

从图 3-4 可以看出，在学习中的遗忘是有规律的，记忆的最初阶段遗忘的速度很快，后来就逐渐减慢，经过相当长的时间后，几乎就不再遗忘了，这就是遗忘的发展规律，即"先快后慢"。学得的知识在一天后如不抓紧复习，记住的内容就只剩下原来的 25%。随着时间的推移，遗忘的速度减慢，遗忘内容的数量也减少。有人做过一个实验，两组学生学习一段课文，甲组在学习后不久进行一次复习，而乙组不复习。一天后甲组记住的课文保持 98%，乙组保持 56%；一周后甲组保持 83%，乙组保持 33%。乙组的遗忘平均值比甲组高。

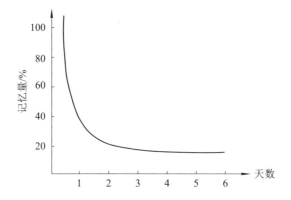

图 3-4   艾宾浩斯遗忘曲线

学习技能与方法应用工具页

项目 4　做一个情绪稳定的人

　　青春的航程并非总是风平浪静。学业的重负、人际的涟漪、对未来的迷思，交织为成长的压力，难免引发情绪的波澜。情绪，是心海翻涌的波浪。学会识别、理解并管理情绪，具备应对压力的智慧与韧性，是大学生在成长中需要获取的能力。本项目将让你学会探索内心的力量，使情绪成为前行的风帆，而非航行的暗礁。

任务 4.1 认 识 情 绪

成长案例

考试周前，某高职女生在图书馆自习时突然抽搐，全身僵硬，被送到医院抢救 20 分钟后才恢复正常。医生说她的突发症状是由于长时间睡眠不好、压力过大而产生焦虑、恐惧等情绪的生理反应。

据了解，这名女生是学生会干部，一个月前由于家里发生变故，耽误了上课。现在马上要期末考试了，她每天都忙着复习和补课。她认为自己身为学生会干部，应该起到榜样作用，如果考试成绩不好，一定会被同学耻笑。她为此而感到焦虑、紧张和不安。因考试临近，寝室里会有同学复习到很晚，有时夜里一两点钟还有人窃窃私语，影响她正常的休息。对此，她不能直说，怕影响寝室关系，只能将不快积压在心里。

思考：这个女生的问题是什么？

心理知识

一、情绪及其要素

（一）情绪的定义

关于情绪的定义，历史一直存在众多的争论。人们通常以愤怒、悲伤、恐惧、快乐、爱、惊讶、厌恶、羞耻等反应来说明情绪。中国人常说的喜、怒、哀、惧、爱、恶、欲七情，也可以被称作情绪。情绪总是同人的需要和动机有着密切的关系，如人的某种需要得到满足或目的没有达到时，他将会产生愉快或者难过等感受。因此，一般意义上讲，情绪是指人们在内心活动过程中所产生的心理的体验，或者说，是人们在心理活动中，对客观事物的态度体验，是人脑对客观事物与人的需要之间关系的反映。

（二）情绪的要素

情绪的要素主要包括以下三个方面。

1. 情绪的生理变化

在不同的情绪状态下，人生理上的心率、血压、呼吸乃至内分泌系统、消化系统等，都会发生相应的变化。例如，人在焦虑状态下，会感到呼吸急促、心跳加快；人在恐惧状态下，会身体战栗、瞳孔放大；人在愤怒状态下，会出现汗腺分泌增加、面红耳赤等生理特征。这些变化都是受人的自主神经支配的，是不由人的意识所能控制的。因此情绪状态下的这些变化，具有极大的不随意性和不可控制性。例如，当我们遇到考试失利、情感挫折、学习压力时，不可避免地会出现一些情绪的生理变化，即使再不愿意，甚至去控制，它们也会出现。

2. 情绪的内心体验

人对不同情绪的生理变化必然会反映在人的知觉上，反映到人的意识中，从而形成人的不同的内心体验和感受。心理学家伊扎德提出的情绪四维理论认为：人对情绪的内心体验，是在愉快度、紧张度、激动度和确信度四个维度上产生的心理感受。愉快度表示主观体验的享乐色调；紧张度表示情绪的心理激活水平，包括肌肉紧张和动作抑制等成分；激动度表示个体对情绪、情境出现的突然性的感受，表征个体缺乏预料和准备的程度；确信度表示个体胜任、承受感情的程度。内省的情绪体验是人脑对客观环境和客观现实的重要反映形式之一，这种反映形式不同于认知活动，它不是人对客观事物本身的反映，而是带有主观色彩的反映。如人在受到伤害时，会感到痛苦；在朋友聚会时，会感到由衷的快乐；在面临极度危险时，会产生毛骨悚然的恐惧感；在自己的某些需要得到充分的满足时，会感到幸福愉快；在被欺辱时，会感到愤怒；在失去亲人时，会感到悲伤。

3. 情绪的外在表现

情绪不仅体现为生理变化和内心体验，而且还以面部表情、体态表情和声态表情等外在形式表现出来。面部表情最直接地反映着人的情绪状态，人们可以通过一个人面部表情的变化，了解他的情绪状态。例如，当自己所支持的球队获胜时，人会不由自主地喜笑颜开；当遇到困难和挫折时，会愁容满面。体态表情同样反映着一个人的情绪状态，例如，在期末考试过后，学生们的坐立不安、手舞足蹈和垂头丧气反映着他们此时此刻的情绪状态和面临的境地。声态表情则是指人们在与他人交流时声调、音色和声音节奏等，如人悲伤时，说话时语调低沉，言语缓慢且断断续续；而当人兴奋时，则会语调高昂，语速加快，声音抑扬顿挫，清晰有力。

二、情绪的类型

（一）七情

喜、怒、哀、乐是最为普遍的情绪反应。我国自古以来将情绪按表现分为喜、怒、哀、惧、爱、恶、欲，称为七情。

喜，即喜悦，是人在其需求达到充分满足时产生的一种满意、愉快和欢乐的情绪体验。喜悦会使人感到轻松、舒畅和满足。

怒，是指愤怒，往往是指人因其愿望、需求不能得到满足或是为此而进行的活动受到阻碍而产生的一种不满、恼怒的情绪体验。愤怒的情绪会使人产生紧张、压抑甚至狂躁的感觉。

哀，即悲哀，是指人因期望或愿望不能得到实现和满足，或是遭遇重大的丧失而引起的一种悲伤的内心感受。悲哀的情绪会使人产生一种失落、无奈、痛苦的心理感受。

惧，指惧怕、恐惧，是当一个人面对危险境地或是巨大灾难时，产生的一种极度的恐慌感和畏惧感。恐惧的情绪会使人呼吸急促、紧张、心悸、全身战栗，甚至使人本能地产生想逃离的心理。

除此之外，情绪还有喜爱、憎恶、渴望、害羞等表现，而且一个人的情绪很多时候会表现为复合情绪反应。例如，一个人做了错事后，会有一种内疚感，它包含了自责、悔恨等方面的内心体验；当一个人经过了多年的努力，终于取得了学位，会产生百感交集的情绪，其中包含着酸、甜、苦、辣各种心情。

(二) 基本情绪和社会情绪

1. 基本情绪

基本情绪主要是指与人的生理需要相联系的内心体验，例如，恐惧、焦虑、满足、悲哀等都属于基本情绪。人的基本情绪在幼年时期就已经形成，更带有先天遗传的因素。

2. 社会情绪

社会情绪是指与人的社会需要相联系的情绪反应，表现为一种较为复杂而又稳定的态度体验。例如，一个人的善恶感、责任感、羞耻感、内疚感、荣誉感、美感、幸福感等，是后天随着人的成长而逐步发展和形成的。社会情绪是在基本情绪上形成和发展起来的，同时又通过基本情绪表现出来。大学阶段更多的是建立和形成一个人的社会情绪。

三、情绪的适应与控制

(一) 情绪的适应

所谓情绪的适应，是指对情绪和发生情绪的环境之间的关系进行某种调整，使之相互适应，即对情绪进行积极的调节。一般来讲，人在情绪发展的不同年龄阶段，其情绪的适应能力和水平会呈现出不同的特点。对于大学生来讲，当遇到使自己焦虑的情境发生时，应尽量地让自己保持镇定；当感到自己的心情过于郁闷时，则应主动参加一些使自己振奋的活动，让心情变得好一些。

(二) 情绪的控制

情绪的控制指选择情绪反应的方式和内容，以及情绪反应的程度。例如，一名大学生发现有人动了他宿舍的东西，于是大吵大闹，周围的同学都因此疏远了他，事后他对自己的情绪失控感到后悔。另一名学生因为替人在教室占座位而与同学发生口角，最后竟演变成班级之间的学生矛盾，导致严重的后果。一般而言，喜、怒、哀、乐是人情绪的正常反应。但是，在什么时间、什么地点和场合、对什么人采取什么样的反应方式，会受到社会和道德的规范约束。也就是说，情绪的反应以及情绪所表现的行为要符合社会的规范。情绪的控制，还包括自我情绪的调节。例如，表达愤怒的情绪时，我们要控制在他人能够接受的程度内；当情绪兴奋时，也要将其控制在不失态的状态下；在焦虑时，要尽量将其保持在不影响正常学习和生活的范围内。

(三) 情绪适应不良

1. 情绪适应不良与负性情绪的关系

情绪适应不良即不良的情绪反应，或称为消极的不良情绪。有些人将不良情绪等同于负性情绪，这是不准确的。所谓负性情绪，通常是指那些不愉快甚至是引发人痛苦、愤怒的情绪体验，比如压抑、生气、委屈、难过、苦恼、沮丧等。另外，人们所理解的负性情绪会对行为起到抑制阻碍作用，甚至容易引发其他负性情绪的心理感受，例如悲观、恐惧、焦虑、嫉妒、怀疑、敌视、内疚、自责、羞耻、惭愧等。一般来讲，负性情绪并非一定都是消极的不良情绪，在一定的情境之中，其也同样具有重要的作用和功能。例如，恐惧情绪能使人脱离险境，羞耻情绪会使人避免做违背社会规范的事；即使是痛苦、悲伤等情绪反应，也同样具有使人感受到心理伤害，促使人们及时调整自己的积极作用。

2. 情绪适应不良的表现

(1) 不良情绪持续时间过长。例如，当一个人长期处于悲观、失落的情绪状态，而自己又无法调整时，就会形成一种抑郁的心境，导致身心危害，严重的还可表现为抑郁症等严重心理疾病。

(2) 不良情绪超过自己所承受的强度却不能控制，致使行为失常或感到被伤害。例如，考试中过度焦虑，使一些学生考试发挥失常；严重的应激状态，会导致人的昏厥；面临期末大考，考生却怎么也紧张不起来，神情恍惚，精力涣散，无法进入备考状态等。

(3) 不良情绪陷入恶性循环使人不能自拔。例如，某一大学生面对学习压力，感到焦虑不安，影响了学习效率，对此自己不能接受，又无法解脱，于是又引发了更加严重的焦虑，导致失眠、食欲下降，焦虑越来越强烈，不能自控。

(4) 情绪状态已经对自己和他人产生影响或伤害。例如，因自己所爱慕的人与其他异性交往而产生的嫉妒情绪，一般来讲并非不良情绪，而只是一种因爱情专一性和排他性而产生的正常心理反应。但是当这种嫉妒情绪导致猜疑，甚至引发对对方行为的限制，使自身或对方感到被伤害时，其就已经成为一种不良的情绪反应了。

(5) 情绪适应不良导致严重的情感障碍、人格障碍等心理疾患。如退缩、孤独、怀疑、抑郁等，都是情绪适应不良的行为表现。

活动体验

情绪识别与调节

一、活动目的

(1) 快速识别自身及他人的情绪信号，提升情绪认知的敏锐度。

(2) 实践情绪调节方法，理解不同调节方法的适用场景。

(3) 增强情绪表达与共情能力，为实际生活中的情绪调适积累经验。

二、活动准备

(1) 情绪卡片：包含 20 种常见情绪的词语标签。

(2) 情绪调节魔方：6 个面分别写有深呼吸放松、换个角度思考、向朋友倾诉、运动释放、写下来梳理、暂时离开当下场景。

(3) 纸和笔若干。

三、活动过程

1. 情绪拼图：识别与命名

(1) 每位学生领取一套情绪卡片。

(2) 教师描述 3 个典型校园情境，学生听完后从卡片中选出最可能产生的 3 种情绪，贴在白纸上并标注情绪强度(1～5 级)。

(3) 小组内讨论：为何面对同一情境，不同人会产生不同情绪？

2. 情绪调节魔方：情绪调节方法匹配与模拟

(1) 每组领取一个情绪调节魔方。

(2) 教师描述一个典型校园场景，结合情绪特点转动魔方，选出两个最适合的调节方法。

(3) 小组分工：一人扮演"情绪持有者"，真实表达情绪；两人分别演示选中的调节方法(如"换个角度思考"可表述为"我可以每天攻克 3 个难点，不用一次性掌握")；其余人观察并记录方法实施后情绪持有者的反应变化。

(4) 每组派代表分享演示过程，教师点评不同方法的适用条件。

3. 总结反思：我的情绪调节清单

(1) 学生填写："今天我最有共鸣的情绪情境是_____，学到的两个实用调节方法是_____，下次遇到类似情况我会_____"。

(2) 随机抽取 3～4 名学生朗读填写内容，教师总结。

四、活动感悟(学生填写)

(1) _____

(2) _____

(3) _____

五、活动点评(老师填写)

(1) _____

(2) _____

(3) _____

训练与测评

情绪稳定性测试

以下 29 题用于对大学生的情绪稳定性进行测试，请根据你的实际情况，选择一个最符合你的选项填入括号中。

(1) 看到自己最近一次拍摄的照片,你有何想法?(　　　)。

A. 觉得不称心　　　B. 觉得很好　　　C. 觉得可以

(2) 你是否想到若干年后会有什么使自己极为不安的事?(　　)

A. 经常想到　　　B. 从来没想到　　　C. 偶尔想到

(3) 你是否被朋友、同事、同学起过绰号或挖苦过?(　　)

A. 这是常有的事　　　B. 从来没有　　　C. 偶尔有过

(4) 你上床以后,是否经常再起来一次,看看门窗是否关好、燃气灶是否关闭等?(　　)

A. 经常如此　　　B. 从不如此　　　C. 偶尔如此

(5) 你对与你关系最密切的人是否满意?(　　)

A. 不满意　　　B. 非常满意　　　C. 基本满意

(6) 你在半夜的时候,是否经常觉得有什么害怕的事?(　　)

A. 经常　　　B. 从来没有　　　C. 极少

(7) 你是否经常因梦见什么可怕的事而惊醒?(　　)

A. 经常　　　B. 从没有　　　C. 极少

(8) 你是否曾经有多次做同一个梦的情况?(　　)

A. 有　　　B. 没有　　　C. 记不清

(9) 有没有一种食物使你吃后呕吐?(　　)

A. 有　　　B. 没有　　　C. 偶尔有

(10) 除了看见的世界外,你心里有没有另外一种世界?(　　)

A. 有　　　B. 没有　　　C. 说不清

(11) 你心里是否时常觉得你不是现在的父母所生?(　　)

A. 时常　　　B. 没有　　　C. 偶尔有

(12) 你是否曾经觉得没有人爱你或尊重你?(　　)

A. 是　　　B. 否　　　C. 说不清

(13) 你是否常常觉得你的家庭对你不好,但是你又知道他们的确对你好?(　　)

A. 是　　　B. 否　　　C. 偶尔

(14) 你是否觉得没有人十分了解你?(　　)

A. 是　　　B. 否　　　C. 说不清楚

(15) 你在清晨起来的时候最经常的感觉是什么?(　　)

A. 秋雨霏霏或枯叶遍地

B. 秋高气爽或艳阳天

C. 不清楚

(16) 你在高处的时候,是否觉得站不稳?(　　)

A. 是　　　B. 否　　　C. 有时

(17) 你平时是否觉得自己很强健?(　　)

A. 否　　　　　　　　B. 是　　　　　　　C. 不清楚

(18) 你是否一回家就把房门关上？（　　）

A. 是　　　　　　　　B. 否　　　　　　　C. 不清楚

(19) 你坐在小房间里把门关上后，是否觉得心里不安？（　　）

A. 是　　　　　　　　B. 否　　　　　　　C. 偶尔是

(20) 当一件事需要你做出决定时，你是否觉得很难？（　　）

A. 是　　　　　　　　B. 否　　　　　　　C. 偶尔是

(21) 你是否经常用抛硬币、玩纸牌、抽签之类的游戏来测凶吉？（　　）

A. 是　　　　　　　　B. 否　　　　　　　C. 偶尔

(22) 你是否常常因为碰到东西而跌倒？（　　）

A. 是　　　　　　　　B. 否　　　　　　　C. 偶尔

(23) 你是否需要一个多小时才能入睡，或醒得比你希望的早一个小时？（　　）

A. 经常这样　　　　　B. 从不这样　　　　C. 偶尔这样

(24) 你是否曾看到、听到或感觉到别人察觉不到的东西？（　　）

A. 经常这样　　　　　B. 从不这样　　　　C. 偶尔这样

(25) 你是否觉得自己有超越常人的能力？（　　）

A. 是　　　　　　　　B. 否　　　　　　　C. 不清楚

(26) 你是否曾经觉得因有人跟着你走而心里不安？（　　）

A. 是　　　　　　　　B. 否　　　　　　　C. 不清楚

(27) 你是否觉得有人在注意你的言行？（　　）

A. 是　　　　　　　　B. 否　　　　　　　C. 不清楚

(28) 当你一个人走夜路时，是否觉得前面潜藏着危险？（　　）

A. 是　　　　　　　　B. 否　　　　　　　C. 不清楚

(29) 你对别人自杀有什么想法？（　　）

A. 可以理解　　　　　B. 不可思议　　　　C. 不清楚

一、计分方法

选 A 得 2 分，选 B 得 0 分，选 C 得 1 分，将所有题目的得分相加即为总分。

二、评定标准

得分越少，情绪越稳定，反之则越不稳定。

0～20 分，表明情绪基本稳定，自信心强，具有较强的美感、道德感和理智感；有一定的社会活动能力，能理解周围人们的心情，顾全大局，是一个性情爽朗、受人欢迎的人。

21～40 分，表明情绪基本稳定，但较为深沉，对事情的考虑过于冷静，处世淡漠消极，不善于发挥自己的个性；自信心受到压制，办事热情忽高忽低，瞻前顾后，踌躇不前。

41 分以上，说明情绪极不稳定，日常烦恼太多，而且心情处于紧张和矛盾中。其中，总分 50 分以上是一种危险的信号。

知识拓展

情 绪 实 验

美国社会心理学家沙赫特和美国心理学家辛格于 1962 年设计了一项实验,用来证明情绪受环境、生理唤醒和认知三种因素制约。

实验前他们告诉被试者,要考察一种新维生素对视敏度的影响。所有被试者被分为两大组:控制组和实验组。在被试者同意的前提下,他们被注射药物。但实际上控制组被试者接受的是生理盐水,实验组被试者接受的是肾上腺素。肾上腺素使被试者出现心悸、颤抖、灼热、血压升高、呼吸加快等反应,因此实验组被试者处于典型的生理唤醒状态。药物注射后,实验组又被分作三组,分别为正确告知组、错误告知组和无告知组,如表 4-1 所示。其中,正确告知组的被试者被告知药物会导致心悸、颤抖、兴奋等反应;未告知组的被试者被告知药物是温和的,不会有副作用;错误告知组的被试者被告知药物会导致全身麻木、发痒和头痛。

试验中人为地安排了两个情境:欢快情境与愤怒情境。其中,欢快情境中,一个实验助手被安排在室内唱歌、跳舞、玩耍,表现得十分快乐,并邀请被试者一同玩耍;而愤怒情境中,一个实验助手被安排填写一张调查表,并表现出愤怒,甚至咒骂、跺脚,最后撕毁调查表。被试者也被要求填写同样表格。

实验组和控制组被试者各一半人进入欢快情境,另一半人进入愤怒情境。

实验假设:如果生理唤醒单独决定情绪,那么实验组三组被试者应产生同样的情绪;如果环境因素单独决定情绪,那么所有进入欢快情境的被试者应产生欢快情绪,所有进入愤怒情境的被试者应产生愤怒情绪。

表 4-1　被 试 者 分 组

被 试 者		行 为 反 应	
		欢快情境	愤怒情境
实验组	正确告知组	几乎不受影响	几乎不受影响
	错误告知组	高度受影响	未研究
	无告知组	一定程度上受影响	一定程度上受影响
控制组	无告知	稍微有点儿受影响	稍微有点儿受影响

但实验结果为,控制组和正确告知组被试者在室内安静地等待并表现得十分镇静,毫不理会同伴的古怪行为;无告知组和错误告知组被试者则倾向于追随室内同伴的行为,变得欢快或愤怒。

对实验结果进行分析可知,控制组被试者未经受生理唤醒,正确告知组被试者能正确解释自身的生理唤醒,他们都不被环境中同伴的情绪所影响,因此没有任何情绪反应;无告知组和错误告知组被试者对自身的生理唤醒没有现成的解释,从而受到环境中同伴行为的暗示,把生理唤醒与欢快或愤怒情境联系起来,并表现相应的情绪行为。

结果表明：生理唤醒是情绪激活的必要条件，但真正的情绪体验是由对唤醒状态赋予的"标记"决定的。这种"标记"的赋予是一种认识过程，个体利用过去经验和当前环境的信息对自身唤醒状态做出合理的解释，正是这种解释决定着产生怎样的情绪。所以，无论生理唤醒还是环境因素都不能单独地决定情绪，情绪发生的关键取决于认知因素。

据此，沙赫特提出了情绪受环境、生理唤醒和认知三种因素制约，其中认知因素对情绪的产生起关键作用。沙赫特的实验和理论引起了相当大的反响，但也受到了批评，有些人认为沙赫特缺乏对实验的效度分析，实验设计复杂，后人难以重复得出相同的结果。但是，沙赫特的研究毕竟为情绪的认知理论提供了最早的实验依据，对认知理论的发展起到了一定的推动作用。

情绪认知工具页

任务 4.2　情绪的自我管理与调节

成长案例

小林是一名大二学生，随着专业课程难度增加，他有些跟不上进度，每次想到考试就会感到焦虑不安。同时，他和室友因为生活习惯不同产生了一些矛盾，心里很不舒服，却不知道该如何沟通解决。这些事情让小林情绪低落，上课无法集中注意力，晚上也经常失眠，整个人状态越来越差。

思考：

(1) 小林在情绪管理与调节上存在哪些问题？

(2) 如果小林不及时调整自己的情绪状态，会产生哪些影响？

(3) 你可以为小林提供哪些建议来帮助他更好地管理和调节情绪？

心理知识

一、大学生情绪健康的标准

心理学家瑞尼斯等人提出了情绪健康的六项指标：

(1) 发展出某些技能以应对挫折情境；

(2) 能重新解释与接纳自己和情绪的关系，不会一直自我防卫；

(3) 知晓某些情境会引起挫折，可以避开并找寻替代目标，以获得情绪满足；

(4) 能找出方法以缓解生活中的不愉快；

(5) 能认清各种防卫机制的功能，包括幻想、退化、反抗、投射、合理化、补偿，避免养成错误的习惯，以致防卫过度，造成情绪困扰；

(6) 能寻求专家的帮助。

心理学家索尔也指出情绪健康者的八个特点：

(1) 独立，不依赖父母；

(2) 责任感及工作能力强，被外界接纳的渴望较低；

(3) 去除自卑情结、个人主义及竞争心理；

(4) 适度的社会化与教化，能与人合作，并符合个人准则；

(5) 成熟的性态度，能组织幸福家庭；

(6) 适应外界，避免敌意与攻击；

(7) 对现实有正确的了解；

(8) 具有弹性以及适应力。

对大学生来说，情绪健康具体表现为：情绪的基调是积极、乐观、愉快、稳定的，对不良情绪具有自我调控能力，情绪反应适度；高级的社会情感(理智感、道德感、美感等)能得到良好的发展。

二、理性情绪教育

(一) 理性情绪的含义

理性情绪是基于理智、清晰思考和客观事实的体验。它通常涉及对事物冷静、理性的反应，以及对情境进行合理分析的能力。理性情绪又叫合理情绪。理性情绪理论是 20 世纪 50 年代末期、60 年代初期美国临床心理学家阿尔伯特·艾利斯倡导的一种认知理论。其基本思想是：个体生来就具有理性和非理性两种倾向，那些非理性倾向表现为非理性思维，也就是不合理思维，正是它引发了个体的情绪困扰和行为问题。也就是说，心理障碍或异常主要是由非理性思维导致的。因此，个体要学会改变不合理的思维方式，并学习以合理的思维方式和理性观念取而代之，这样才能使自己的心理更健康。

(二) 情绪 ABC 理论

情绪 ABC 理论是艾利斯解释个体心理障碍的基本理论。其核心要点是：个体最终形成的情绪困扰和行为问题(Consequences，C)其实并不是由某一外在诱发性事件(Activatingevents，A)所引起的，而是由经历了该事件的个体对该事件的解释和评价(Beliefs，B)引起的。以往，人们总习惯认为某一外在诱发性事件引发了一个人的情绪困扰和行为问题。但艾利斯的情绪 ABC 理论则指出，某个外部事件确实可能是问题的诱发因素，但最主要和根本的原因却不是该诱发性事件本身，而是个体对这一事件的解释和评价，即对该事件的态度和看法实际左右其情绪和行为反应。也就是说，环境中发生的事件会导致情绪性后果，但这一结果的性质却是由个体自身的价值观念系统决定的。

艾利斯指出，人的这种认知和评价反映了人的生物和社会倾向性，即人同时具有理性思维的一面和非理性思维的一面。当理性思维产生时，个体将体验到愉悦感、胜任感和成就感；反之，当非理性思维产生时，个体将体验到焦虑、无力感和失败感。所以，个体要处理类似的情绪和行为问题，就必须改变其不合理的思维方式，重建合理的思维方式，以理性思维取代非理性思维。

此外，由于语言是思维的外壳，思维借助于语言而进行，所以非理性思维通常表现为个体以内部语言不断重复那些非理性观念，如"我完蛋了""我真糟糕"等。因此，思维改变的过程也就常常表现为将消极的内部言语对话改变为积极的内部言语对话的过程，如把"我真糟糕"变为"我也有不少优点呢"。

(三) 非理性观念的特征

艾利斯曾总结了西方社会生活中个体可能具有的 11 种主要的非理性观念。这些对个体有普遍性的、通常会导致神经症症状的非理性观念可归为对自己、对他人、对周围环境及事物三类，如"我做事必须尽善尽美"是对自己，"对不好的人应该给予严厉的惩罚和制裁"是对他人，"已经定下的事情是无法改变的"是对环境。艾利斯指出，一切非理性观念具有三大特征。

第一，绝对化要求。绝对化要求即从自己的意愿出发，认为某事一定会发生或一定不会发生，它通常与"必须""应该""应当""一定要"等强制性字眼联系在一起。艾利斯称之为"必须性的意识形态"，如"我必须尽善尽美""我应该得到父母的喜爱和赞许""人类的各种问题永远都应当有一个正确、缜密和完善的答案，如果找不到这种完美答案，将会是一种灾难"等。个体的这种绝对化要求反映出他不合理的、极端的思维方式。其实，没有什么人是绝对完美的，也没有什么事情是绝对圆满的。客观事物的产生和发展皆有一定的规律，它不可能以某个人的意志为转移。

第二，过分概括化。过分概括化即以某一具体事件、某一言行来对自己进行整体评价，如"我真是个没用的人，做什么都不行"，其实他只不过经历了一次高考失败，或者公开场合说错了话。对他来说，一次失败就足以证明自己一无是处、毫无价值；公开场合说错了话，出了洋相，就足以说明自己又笨又蠢。其实，每个人都有出错的时候，伟人也有失误之时，十全十美的人是不存在的，由具体事件或言行来对整个人下结论，就犯了以偏概全的错误。

第三，糟糕至极论。糟糕至极论即如果发生某一件不好的事情，就认为其结果必然是非常可怕、糟糕至极、灾难性的，如高考失利后认为再没有什么比这个更糟糕的了，犹如天塌了下来；公开场合出了洋相，就觉得所有人都会笑话自己，没有办法面对公众。其实，没有什么事情是糟糕透顶的。将一件事情的负面结果放大到极点，反映了个体极端的不合理的思维方式。这足以将人推向自责、内疚、抑郁、绝望等情绪的恶性循环之中。

艾利斯指出，非理性观念的上述三种特征是相互联系的。同时，每个人都或多或少地带有某些非理性思维和观念，只不过它们在那些有严重情绪和行为障碍的人身上表现得更为明显和突出罢了，因此这类人需要进行认知的干预。

三、情绪调适方法

(一) 宽容待人，忍让克制

每个人都有着不同的气质、性格、爱好和生活方式，以及缺点和过错，在不违背原则的基础上，宽容待人是一种较高的修养，是心胸开阔的表现。心胸狭隘的人不能宽容待人，这样既会被他人怨恨，也会使自己的心情不愉快，身心受到损害；而不能宽容待己的人则容易陷入自责、自怨、悔恨的情绪之中。有了宽容大度的胸怀，我们在面对不良情绪时，才会理智地克制和约束自己。克制不良情绪可采用以下方法。

1. 平心静气法

在激烈争论、即将发生冲突时，我们可以有意识地降低说话的音量、放慢语速、避免身体前倾，从而缓和紧张的冲突气氛，渐渐感到心平气和。

2. 冷静处理法

在十分愤怒时，我们可以先从 1 数到 10 再开口，或将舌头在口内转 10 圈再说话，以加强自我克制。

3. 暂离现场法

在感到即将控制不住愤怒情绪时，我们可迅速离开现场，待冷静后再进行交流。

4. 转移注意力法

转移注意力法就是把注意力从引起不良情绪反应的刺激情境转移到其他事物上或从事其他活动的自我调节方法。当情绪不佳时，我们要把注意力转移到自己感兴趣的事上，如外出散步，看电影、电视，读书，打球，下棋，找朋友聊天等，这有助于使情绪平静下来，在活动中寻找到新的快乐。一方面，这种方法中止了不良刺激源的作用，防止不良情绪的泛化、蔓延；另一方面，我们也能够通过参加新的活动，特别是自己感兴趣的活动而达到增加积极的情绪体验的目的。

(二) 合理宣泄，消除压抑

对于消极情绪，虽然可用理智暂时约束和压制，但不能彻底消除。这种消极情绪的积聚，如果超过一定的负荷，就会破坏心理平衡，引起心理疾病。采用适当的途径，合理宣泄，才能把不愉快的情绪释放出来，消除压抑。具体可采用以下方法。

1. 倾诉

在内心充满烦恼和忧虑时，我们可以向知心朋友或信任的老师、家长倾诉，也可以用写信的方式来倾吐心中的不快；记日记也是简便易行的方式。

2. 哭泣

在极为悲伤、委屈的时候，我们不必强忍眼泪，而是可以尽情地痛哭一场，之后也会感到一种特别的轻松、平静。

3. 剧烈活动

较大运动量的体育活动、体力活动、激烈的快节奏喊叫等，亦有助于释放紧张的情绪，消除烦闷和抑郁。

情绪的宣泄要做到适时、适度，注意时间、场合和方式，既不能影响他人的工作、学习和生活，也不能损害自己的身心健康，更不能触犯法律法规，危害社会。

(三) 自我暗示，增强信心

自我暗示，从心理学角度讲，就是个人通过语言、想象等方式，对自身施加影响的心理过程。这个概念最初由法国医师库埃于 1920 年提出，他的名言是"我每天在各方面都变得越来越好"。自我暗示分消极自我暗示与积极自我暗示。积极自我暗示会在不知不觉之中对自己的意志、心理和生理状态产生影响，令人保持好的心情和乐观的情绪，增加自信心，从而调动人的内在因素，发挥主观能动性。心理学上所讲的"皮格马利翁效应"也称期望效应，讲的就是积极自我暗示。而消极自我暗示会强化我们个性中的弱点，唤醒潜藏在心灵深处的自卑、怯懦、嫉妒等，从而影响情绪。

因此，我们可以利用语言的指导和暗示作用，来调适和放松心理的紧张状态，使不良情绪得到缓解。心理学实验表明，当个人静坐时，默默地说"勃然大怒""暴跳如雷"等词语时心跳会加剧，呼吸也会加快，仿佛真的发起怒来；相反，如果默念"喜笑颜开""兴高采烈"之类的词语，心里则会产生一种愉悦的体验。由此可见，语言既能唤起人们愉快的体验，也能唤起不愉快的体验；既能引起某种情绪反应，也能抑制某种情绪反应。因此，当我们在生活中遇到情绪问题时，应当充分利用语言的作用，用内部语言或书面语言对自身进行暗示，以缓解不良情绪，保持心理平衡，比如默念或用笔在纸上写出"冷静""三思而后行""制怒""镇定"等词语。实践证明，这种暗示对人的不良情绪和行为有奇妙的影响和调控作用，既可以松弛过分紧张的情绪，又可用来激励自己。

(四) 放松调节，有益身心

当人感到身心疲惫、情绪紧张、焦虑、烦躁不安、心理压力过重时，采用放松调节方法可以排除杂念干扰，平静心绪，有效地缓解心理压力和消除不良情绪，实现身心放松。

放松调节既可以采用动态方式，也可以采用静态方式。当人在烦恼忧愁，或愤怒激动时，可以采用动态方式，如进行体育锻炼等较剧烈的活动，从而释放紧张的情绪，达到身心放松的目的。主要的静态方式有以下几种。

1. 想象法

先选择一个比较安静的环境，然后放松全身，闭上眼睛，开始进行想象。一般是想象一些美好的景物和幸福的经历，如自己在海边散步，头上是繁星满天，脚下是柔软的沙滩，体会海浪的哗哗声，感受海风拂面带来的凉爽、潮湿和腥味，以及脚底踏着的沙砾和贝壳，在海边小憩一下，然后离开海滩回来，深呼吸数次，从 1 数到 5，再慢慢睁开眼。此法刚开始进行时，心里不易宁静，但坚持下去就会大有裨益。

2. 音乐调节法

音乐对人的生理和心理有着明显的影响，优美的乐曲可以使人血压正常、肌肉松弛、脉搏放慢，使人感到心情宁静、轻松愉快。不同的音乐会引起不同的情绪反应，因而可以根据自己的情绪状态有选择地欣赏音乐。当心情烦躁、焦虑紧张时，旋律优美、柔和、悦耳的音乐，能够使人安静，感到轻松愉快；而当感到忧郁、消沉时，节奏鲜明、雄壮有力的音乐能够使人情绪振奋、激昂奋进。

3. 放松训练法

放松训练法又称为松弛反应训练法，是一种通过肌体的主动放松来增强人对自我情绪的控制能力的有效方法。它能有效应对过度焦虑和恐惧，进而稳定情绪。放松训练法的基本原理是通过训练减轻所产生的躯体反应，如减轻肌肉紧张、减慢呼吸、降低心率等，使焦虑情绪得到缓解。训练时可采用站、坐、卧的姿势，但以卧姿为主，在放松之前，先充分体验全身紧张的感觉，然后从头到脚依次放松，同时可伴以想象，如想象一股热流从头顶流向全身，肌肉放松可以使人全身松弛、轻松舒适、内心宁静。此外，气功、瑜伽等也是进行放松训练的有效途径。

活动体验

突 出 重 围

一、活动目的

(1) 领悟在危机面前保持冷静的重要性。

(2) 培养解决问题的能力和坚持不懈的精神。

二、活动过程

(1) 以 15～20 人为一组，所有同学手拉手围成一个圈，即"包围圈"。

(2) 宣读活动规则：假定你被敌人包围了，情况十分危急，现在要求你尽快想办法冲出包围圈。你可以用钻、跳、推、拉、诱骗等任何方式，但不能伤害同学。其他同学手拉手形成包围圈，必须竭尽全力不让被包围者逃出，若圈内的同学从某两个同学之间逃出，则这两个相邻的同学双双都要进入圈内作为被包围者。

(3) 随机抽取一位同学站在包围圈内，开始活动。如果被围的同学很长时间不能冲出包围圈，可增加 1～2 位同学到圈内作为突围者。一段时间后可换其他同学。

三、注意事项

(1) 活动场地最好设在草地上，以免参与者在冲撞过程中受伤。

(2) 突围方式以不伤害同学为原则，不可以对包围圈的同学进行过分的暴力攻击，比如用脚踢同学的腿或手等。

四、活动感悟(学生填写)

(1) _____

(2) _____

(3) _____

五、活动点评(教师填写)

(1) _____

(2) _____

(3) _____

知识拓展

恒 河 猴 实 验

美国威斯康星大学灵长类研究所所长哈洛在 1958—1961 年做了一项实验。哈洛用两个代理妈妈来养育刚出生不久的小猴子：一个代理妈妈是金属丝做成的，在它胸前安有一个奶瓶；另一个是用类似真母猴肤质的软布做成的，但不安奶瓶。

俗话说，"有奶便是娘"，如果照这个理论，小猴子应该经常爬到有奶瓶的金属丝妈妈的身上，然而结果却并非如此。小猴子对金属丝妈妈很冷淡，只有在肚子饿、需要吃奶的时候才爬到金属丝妈妈身上；对布妈妈却显示出强烈的喜爱之情，平时总爱紧紧抱着它，尤其是受惊或不安的时候就会奔到布妈妈的身边，紧紧地搂着它。如果在布妈妈身上安奶瓶，那么小猴子就几乎不再接触金属丝妈妈了。

对于在有布妈妈的笼子里生长的小猴子，如果在它下地玩耍的时候，突然在笼子里放入一个自动玩具，小猴子会吓得马上逃到布妈妈的身上，但是不久后它就开始观察，然后下地试探接触，最后玩弄起这个玩具来；但是，对于在只有金属丝妈妈的笼子里生长起来的小猴子来讲，如果放入玩具，它会很长时间都极端恐惧地躲在一边，一直不去碰那个自动玩具。

这个实验说明，小猴子对妈妈的依恋并不是因为有奶吃，而在于温暖、柔软的接触。哈洛在另一个实验中还发现，无论是什么样的代理妈妈养育的小猴子，即使它们得到很好的照顾，生病率和死亡率还是比由母猴哺育养大的普通小猴高，长大后在行为上也没有普通小猴表现得正常。用金属丝妈妈长期单独养育的小猴子长大后缺乏协调性，极端胆小和畏缩，攻击性强，对性的反应冷淡；而用布妈妈养育的小猴子虽然没有这么糟糕，但在情绪上也不成熟。

实验还表明，孩子与母亲的身体接触对消除孩子的不安和形成孩子稳定的性格都发挥着重要的作用。婴儿和母亲(或者照看者)之间亲密、持久的依恋关系，是儿童生存和发展最基本的需要。孩子和母亲依恋关系的质量将会影响他今后与其他人建立关系的质量。

训练与测评

国际标准情商测试

情商(EQ)又称情绪智力，是与智力和智商(IQ)相对应的概念，主要是指人在情绪、情感、意志、耐受挫折等方面的品质。总的来讲，人与人之间的情商并无明显的先天差别，而更多与后天的培养相关。在人的成功的诸多主观因素里面，智商因素大约占 20%，而情商则占 80%左右。情商包括五个方面的内容：一是能够认识自身的情绪，因为只有认识自己，才能成为自己生活的主宰；二是能妥善管理自己的情绪，即能调控自己；三是能够自我激励，走出生命中的低谷，重新出发；四是能够认知他人的情绪，这是与他人正常交往、实现顺利沟通的基础；五是能够进行人际关系的管理，即具备领导和管理能力。

通过以下测试，你能对自己的 EQ 有所了解。但切记这不是求职测试，不用有意识地尽量展示你的优点和掩饰你的缺点，作答时应不施加任何粉饰。

此测试共 33 题，测试时间为 25 分钟，最高分为 174 分。

第(1)~(25)题：在下面问题中，选择一个和自己最契合的答案。

(1) 我有能力克服各种困难：(　　)

A. 是的　　　　　　　　B. 不一定　　　　　　　　C. 不是的

(2) 如果我能到一个新的环境，我要把生活安排得：（　　）

A. 和从前相仿　　　　　　B. 不一定　　　　　　　　C. 和从前不一样

(3) 一生中，我觉得自己能达到预想的目标：（　　）

A. 是的　　　　　　　　　B. 不一定　　　　　　　　C. 不是的

(4) 不知为什么，有些人总是回避或冷淡我：（　　）

A. 不是的　　　　　　　　B. 不一定　　　　　　　　C. 是的

(5) 在大街上，我常常避开我不愿打招呼的人：（　　）

A. 从未如此　　　　　　　B. 偶尔如此　　　　　　　C. 有时如此

(6) 当我集中精力工作时，假如有人在旁边高谈阔论：（　　）

A. 我仍能专心工作　　　　B. 介于 A、C 之间　　　　C. 我不能专心且感到愤怒

(7) 我不论到什么地方，都能清楚地辨别方向：（　　）

A. 是的　　　　　　　　　B. 不一定　　　　　　　　C. 不是的

(8) 我热爱所学的专业和所从事的工作：（　　）

A. 是的　　　　　　　　　B. 不一定　　　　　　　　C. 不是的

(9) 气候的变化不会影响我的情绪：（　　）

A. 是的　　　　　　　　　B. 介于 A、C 之间　　　　C. 不是的

(10) 我从不因流言蜚语而生气：（　　）

A. 是的　　　　　　　　　B. 介于 A、C 之间　　　　C. 不是的

(11) 我善于控制自己的面部表情：（　　）

A. 是的　　　　　　　　　B. 不太确定　　　　　　　C. 不是的

(12) 在就寝时，我常常：（　　）

A. 极易入睡　　　　　　　B. 介于 A、C 之间　　　　C. 不易入睡

(13) 有人侵扰我时，我：（　　）

A. 不露声色　　　　　　　B. 介于 A、C 之间　　　　C. 大声抗议，以泄己愤

(14) 在和人争辩或工作出现失误后，我常常感到震颤、精疲力竭，而不能继续安心工作：（　　）

A. 不是的　　　　　　　　B. 介于 A、C 之间　　　　C. 是的

(15) 我常常被一些无谓的小事困扰：（　　）

A. 不是的　　　　　　　　B. 介于 A、C 之间　　　　C. 是的

(16) 我宁愿住在僻静的郊区，也不愿住在嘈杂的市区：（　　）

A. 不是的　　　　　　　　B. 不太确定　　　　　　　C. 是的

(17) 我被朋友、同事起过绰号、挖苦过：（　　）

A. 从来没有　　　　　　　B. 偶尔有过　　　　　　　C. 这是常有的事

(18) 有一种食物使我吃后呕吐：（　　）

A. 没有　　　　　　　　　B. 记不清　　　　　　　　C. 有

(19) 除了看见的世界外，我的心中没有另外的世界：（　　）

A. 是　　　　　　　　　　B. 记不清　　　　　　　　C. 不是

(20) 我会想到若干年后使自己极为不安的事：（　　）

A. 从来没有想过　　　　　　　B. 偶尔想到过　　　　　　　C. 经常想到

(21) 我常常觉得自己的家庭对自己不好，但是我又确切地知道他们的确对我好：（　　）

A. 否　　　　　　　　　　　B. 说不清楚　　　　　　　　C. 是

(22) 每天我一回家就立刻把门关上：（　　）

A. 否　　　　　　　　　　　B. 不清楚　　　　　　　　　C. 是

(23) 我坐在小房间里把门关上，但我仍觉得心里不安：（　　）

A. 否　　　　　　　　　　　B. 偶尔是　　　　　　　　　C. 是

(24) 当一件事需要我做决定时，我常觉得很难：（　　）

A. 否　　　　　　　　　　　B. 偶尔是　　　　　　　　　C. 是

(25) 我常常用抛硬币、翻纸、抽签之类的方法来预测凶吉：（　　）

A. 否　　　　　　　　　　　B. 偶尔是　　　　　　　　　C. 是

第(26)～(29)题：下面各题，请按实际情况如实回答，仅需回答"是"或"否"即可，在你选择的答案上打"√"。

(26) 为了工作我早出晚归，早晨起床我常常感到疲惫不堪。

是　　　　　　　　　　否

(27) 在某种心境下，我会因为困惑陷入空想，将工作搁置下来。

是　　　　　　　　　　否

(28) 我的神经脆弱，稍有刺激就会使我战栗。

是　　　　　　　　　　否

(29) 睡梦中，我常常被噩梦惊醒。

是　　　　　　　　　　否

第(30)～(33)题：本组测试共 4 题，每题有 5 种答案，其中，1 表示从不，2 表示几乎不，3 表示一半时间，4 表示大多数时间，5 表示总是。请选择与自己最契合的答案，在你选择的答案上打"√"。

(30) 工作中我愿意挑战艰巨的任务。　　　　　　　　　1　2　3　4　5

(31) 我常发现别人好的意愿。　　　　　　　　　　　　1　2　3　4　5

(32) 我能听取不同的意见，包括对自己的批评。　　　　1　2　3　4　5

(33) 我时常勉励自己，对未来充满希望。　　　　　　　1　2　3　4　5

一、计分方法

第(1)～(9)题，A 得 6 分，B 得 3 分，C 得 0 分；

第(10)～(16)题，A 得 5 分，B 得 2 分，C 得 0 分；

第(17)～(25)题，A 得 5 分，B 得 2 分，C 得 0 分；

第(26)～(29)题，回答"是"得 0 分，回答"否"得 5 分；

第(30)～(33)题，1～5 分别为 1 分、2 分、3 分、4 分、5 分。

所有分数相加即为总分。

二、评定标准

得分在 90 分以下：EQ 较低，你常常不能控制自己，极易被自己的情绪所影响。很多时候，你容易被激怒、发脾气，这是非常危险的信号——你的事业可能会毁于你的急躁，最好的解决办法是给不好的东西一个好的解释，保持头脑冷静，使自己心情愉悦，正如富兰克林所说："任何人生气都是有理的，但很少有令人信服的理由。"

得分为 90～129 分：EQ 一般，对于一件事，你不同时候的表现可能不一，这与你的意识有关，你的 EQ 意识不是常常都有，因此需要你多加注意，时时提醒自己。

得分为 130～149 分：EQ 较高，你是一个快乐的人，不易恐惧担忧，对于工作热情投入、敢于负责，为人正义正直、同情关怀，这是你的优点，应该努力保持。

得分在 150 分以上：EQ 高手，你的情绪智力是你事业有成的一个重要前提条件。

情绪管理与调节技术工具页

项目 5　与他人建立和谐关系

良好的社会交往不仅是大学生社会化的基本途径，也直接影响着他们的学习和生活，影响着他们的身心健康，影响着他们的成长与发展。了解人际交往中的常见问题和调试方法，掌握人际交往的原则和技巧，提高人际交往能力，建立和谐的人际关系，不仅有利于大学生完善个性，有利于身心健康，有利于顺利完成学业，更有助于推进社会化进程，并为今后事业的成功奠定基础。

任务 5.1   大学生人际交往概述

成长案例

小敏是某高校大一学生，入学已经有一段时间了，班里很多同学她还不认识。因为人际交往问题，小敏一直很苦恼。初次体验集体生活，她非常不适应，常常因一些鸡毛蒜皮的事和同学发生矛盾，闹得和同学之间关系紧张，自己心情也不好。一学期下来，小敏不仅多门考试挂科，而且因为一直处于孤独、自卑、苦恼、焦虑的状态，她夜里难以入眠，患上了神经衰弱。想到家中父母和弟弟生活的艰辛，小敏非常自责和内疚。

思考：小敏哪里出了问题？应该如何改变现状？

心理知识

人际交往是人们社会活动的重要内容之一，是人与人之间传递信息、沟通思想和交流情感的主渠道。人们各种不同层次需求的满足都离不开人际交往。

一、认识和关注人际交往

人际交往也称人际关系，从动态上讲，指人与人之间一切直接或间接的相互作用不会超出的信息沟通与物质交换的范围；从静态上讲，是指人与人之间通过动态的相互作用形成的情感联系。

美国卡内基梅隆大学对个案记录进行分析，结果发现："智慧""专门技术"和"经验"因素只占成功的 15%，其余的 85%取决于良好的人际关系。因此，人际交往对大学生成才起着重要作用。

社会心理学家舒茨(W Schutz，1925—2002)于 1958 年提出了人际需要的三维理论。舒茨认为，每一个个体在人际交往过程中，都有基本的需要，即包容需要、控制需要和情感需要。这三种基本的人际需要决定了个体在人际交往中所采用的行为及描述、解释和预测他人行为的方法。三种基本需要的形成与个体的早期成长经历密切相关。

(一) 包容需要

包容需要指个体想要与人接触、交往，隶属于某个群体，与他人建立并维持一种满意的相互关系的需要，表现为沟通、融合、参与、认同。与此相反的需要则表现为排斥、孤立、疏远、退缩等。

(二) 控制需要

控制需要指个体控制别人或被别人控制的需要，是个体在权力关系上与他人建立或维持满意人际关系的需要，表现为运用权力或威信影响来控制、支配或领导他人。与此相反的需要则表现为服从或模仿他人。

(三) 情感需要

情感需要指个体爱别人或被别人爱的需要，是个体在人际交往中建立并维持与他人亲密的情感联系的需要，表现为喜爱、同情、关心、亲密等。与此相反的需要则表现为冷淡、厌恶、憎恨等。

舒茨认为，人满足以上三种需要的方式有两种基本取向：一是主动表现，二是被动接受。

将三种基本需要与两种基本取向结合起来就可以构成人际交往的六种类型，如表 5-1 所示。

表 5-1　人际交往的六种类型

基本人际交往	交　往　类　型	
	主动表现	被动接受
包容需要	主动与他人交往	期待他人接纳自己
控制需要	控制他人	期待他人控制自己
情感需要	对他人表示热情	期待他人对自己热情

人的成长、发展、成功、幸福都与人际交往密切相关，没有人与人之间的交往，就没有生活基础。对任何人而言，正常的人际交往和良好的人际关系都是其心理正常发展、个性保持健康和生活具有幸福感的必要前提。

心理学家研究表明，如果一个人长期缺乏与别人的积极交往，缺乏稳定的人际关系，那么这个人往往有明显的性格缺陷。在心理健康教育实践中，我们也注意到，绝大多数大学生的心理危机与缺乏正常人际交往和良好人际关系有关。在同宿舍里，同伴之间的交往状况，往往决定了一个大学生是否对学校生活感到满意。那些生活在没有形成友好、合作、融洽的人际关系的宿舍中的大学生表现出压抑、敏感、自我防卫、难于合作的特点。在融洽的宿舍里生活的大学生，则表现出快乐、注重学习与成就、乐于与人交往和帮助别人的特点。可见，人的心态与性格状况，直接受到人际交往和人际关系状况的影响。

心理学家曾从不同角度做过大量研究，结果表明：健康的个性总是与健康的人际交往相关。心理健康水平越高的人，与别人的交往就越积极，就越符合社会的期望，与别人的关系也就越深厚。心理学家奥尔波特发现，个性成熟的人都同别人有良好的交往与融洽的关系，他们可以很好地理解别人，包容别人的不足和缺陷，能够对别人表示同情，具有给人温暖、关怀和爱的能力。人本主义心理学家亚伯拉罕·马斯洛发现高水平的"自我实现者"对别人有更强烈、更深刻的友谊与更崇高的爱。

研究结果还表明，那些高心理健康水平的优秀者，往往来自人际关系良好的家庭，这也从一个侧面证明了人际交往状况影响个体心理健康水平。

二、人际吸引及影响因素

人际吸引是人与人之间的相互接纳和喜欢。心理距离是人与人之间心理上的一种距离，心理距离的大小能够反映人与人之间相互吸引的程度，这是人际关系的主要特征。心理学家通过广泛研究后发现：影响人际吸引的因素主要是接近与熟悉、个人特征、相似与互补等。

(一) 接近与熟悉

在日常生活中，人们更多地将喜欢的情感投向周围接近及自己熟悉的对象，并在其中选择交往或合作的伙伴。自然而然地能够相互接触，彼此之间存在交往的可能性，就成了人际吸引的前提条件。人际关系的由浅入深，也正是由相互接触与初步交往形成的。心理学研究表明，熟悉引起喜欢，熟悉本身就可以增加一个人对某种对象的喜欢。因此，邻居、同学、同事之间更容易产生吸引。原因有三个方面：其一，人们都有与周围人建立良好关系的愿望；其二，接近的人因频繁接触而熟悉；其三，俗话说，"远亲不如近邻"，接近有利于互相帮助。

大学生进入大学后，最初的人际交往对象通常为舍友与老乡。这是因为，舍友生活在一个屋檐下，彼此的熟悉程度显然高于非本宿舍成员，大学生最好的朋友往往都是舍友；而老乡由于存在地缘关系，在陌生环境中会让大学生产生心理上的亲近感。

人际吸引的另外一个条件是熟悉和喜欢对方的性格，熟悉不是引起喜欢的唯一原因，但熟悉可以增加人们对积极和中性对象的喜欢程度，熟悉使人们更容易辨认事物。

(二) 个人特征

1. 才能

人对有才能的人的态度往往出人意料。表面上看，在其他条件一样的情况下，一个人能力越高、越完善，他就越能受到欢迎。但研究表明，实际上在一个群体中最有能力、最能出好主意的人往往不是最受喜欢的人。

在工作实践中，我们常常遇到这样的学生，他出类拔萃，却得不到同学的喜欢与信任。这是因为，一方面人都希望自己周围的人有才能，这样他就能有一个令人愉快的人际关系圈，但如果对方的才能使人们觉得可望而不可即，他就会产生心理压力。这也就是俗话讲的"木秀于林，风必摧之"。显然，才能高低与被人喜欢的程度在一定范围内成正比，但一个人的才能超出这个范围时，别人对待他的态度可能会变成逃避或拒绝。任何一个人，都不会喜欢一个总是贬低自己的对象。因此，一个才能出众但偶尔有点小错误的人在一定程度上比没有错误的人更受欢迎。

2. 外表

大量的研究表明，外表魅力会引发明显的"辐射效应"，因此人们对外表姣好者的判断具有明显的倾向性。外表的第一印象对人际吸引有重要作用，多数人具有"以貌取人"的倾向，但外表对人际吸引的影响是暂时的。大学生组织的集体活动中，那些最先受到关注的学生总是在同等条件下具有外表吸引力的人。但值得重视的是，人们对外表姣好者的其他方面会给予积极评价，但如果人们感到他们在利用自己的外表时，反过来会倾向于对其实施严厉制裁。

3. 个性品质

表 5-2 为美国心理学家安德森 1968 年所做的一项调查得出的结论。由此可见，排在序列最前面、受喜爱程度最高的 6 个个性品质为真诚、诚实、理解、忠诚、真实、可信，它们都或多或少、间接或直接与真诚有关；而排在序列最后的受喜欢程度较低的品质如说谎、装假、不诚实、不真实等都与虚伪有关。真诚的人受人欢迎，虚伪的人令人讨厌。与别人保持良好的交往，真诚是必需的品质。

表 5-2　个性品质调查

最积极的个性品质	中间个性品质	最消极的个性品质
真诚	固执	古怪
诚实	刻板	不友好
理解	大胆	敌意
忠诚	谨慎	饶舌
真实	易激动	自私
可信	文静	粗鲁
智慧	冲动	自负
可信赖	好斗	贪婪
有思想	腼腆	不诚实
体贴	易动情	不善良
热情	羞怯	不可信
善良	天真	恶毒
友好	不明朗	虚假
快乐	好动	令人讨厌
不自私	空想	不真实
幽默	追求物欲	冷酷
负责	反叛	邪恶
开朗	孤独	装假
信任	依赖别人	说谎

(三) 相似与互补

相似在人际交往中有着重要的意义，在日常生活中，相似的态度、信仰、价值观与兴趣，相同的语言、种族、国籍和出生地，相同的文化和宗教背景，相似的教育水平、年龄、职业和社会阶层，乃至相似的遭遇等都能不同程度地增加人们的相互吸引。

与相似相联系的是互补。当交往双方的需要和满足正好构成互补关系时，双方之间的喜欢程度也会增加。大学生中，外倾型性格的人喜欢与内倾型性格的人友好相处，他们相互欣赏；家庭经济条件优越的学生会欣赏那些克服困难求学的学生；依赖性强的人更愿意与独立性强的人交朋友。互补的另一种表现是补偿，如一个注重成绩而自己成绩又不大理想的学生，更愿意和成绩优秀的学生交往。

从表面上看，相似与互补是矛盾的，但实际上两者是协同的。建立在态度与价值观上的一致性的相似与互补有着重要意义。当人际吸引中的关键因素和社会角色相互对应时，互补比相似更重要。

三、大学生人际交往的基本特点

大学生作为一个特定的群体，其人际交往具有与自身的心理、生理发展及知识、社会经验相适应的特点。

(一) 强烈的交往愿望

大学生的年龄一般为 18～23 岁，他们正处于青春期，自我意识有了新的发展，情感丰富，充满活力，加上他们一般远离家乡，生活空间的扩大必然使人际交往的范围随之扩大，因此大学生的交往愿望非常强烈，他们迫切地希望同别人分享和交流自己的体会。另一方面，人际交往范围的扩大，也开阔了学生的视野，使学生们在这个准社会的圈子里日渐成熟，自觉地培养自己的人际交往能力。

(二) 平等的交往关系

大学生的人际交往是多方面的，其中主要是学生彼此间的交往，相近的年龄、相似的经历、相同的心理发展水平和身份角色、类似的知识储备，决定了大学生之间的交往是平等的。这种平等关系与师生关系、亲子关系完全不同。由于大学生之间没有地位的差异，他们交往时完全消除了被动心理负担，因此交流渠道更加畅通，交往过程更加自如。

(三) 纯净的交往性质

校园生活的主要内容是学习知识、增长才干、发展各方面能力，这种单纯的生活没有社会上的经济利益和政治冲突，因而也就远离了社会交往的功利色彩。大学生重视自己的想法，普遍希望通过交往获得友谊，讲求志趣相投和心灵深处的共鸣。因此大学生之间的交往比较真诚、自然，少做作，少世故。

(四) 多样的交往形式

大学生的交往范围比较广，不仅仅局限于本宿舍、本班级。他们的思想活跃、情感丰富、精力充沛、兴趣广泛，加之整个社会向现代化、信息化转变，使得他们呈现出前所未有的开放式交往趋势。每个学校都有各种社团、协会，这就是最好的例证。同时大学的培养目标要求他们有更强的实践动手能力，因而他们也就有了更多实习、实训及社会实践的机会，借助这些机会，他们也逐步努力把自己的交往范围扩大到社会上。正是这种交往的多层次、多侧面性，决定了他们交往形式的多样性。

(五) 较高的理想期待

大学阶段没有工作、家庭和生活等方面的压力，给大学生们追求理想创造了有利条件。他们可以暂时避开社会上人际关系中的某些世俗因素，对真诚相待、互相关心、互相帮助的人际关系抱有较高的期望。无论是对朋友，还是对师长，他们都希望对方不掺任何杂质，以理想标准要求对方，一旦发现对方某些不好的品质就深感失望。事实上，这种理想与现实的反差正反映了大学生在人际交往中具有较高的理想期待。

(六) 强烈的竞争意识

合作性减弱、竞争性增强也是大学生人际交往的一个重要特点。在社会主义市场经济条件下，市场优胜劣汰的竞争规则对敏感的大学生有着不可忽视的重大影响。许多合作关系逐渐减弱，竞争关系不断加强，不少学生的集体主义意识和合作意识淡薄了，自我设计、自我奋斗、自我实现、以自我为中心成为一种新风尚。

四、大学生人际交往的影响因素

大学生良好人际关系的建立，受到各种因素的制约和影响，其中有外在的环境因素，也有个体自身的心理因素。

(一) 环境因素

随着我国经济的日益发展和全球化的日益加深，人们的思维方式、价值观念、行为举止等都发生了巨大的变化，逐步呈现多元化的趋势。大学生交友目的调查结果显示，有 50%的学生交友是为了丰富大学生活，有 18%的学生表示交一些有用的朋友有利于将来事业上的发展。在大学生的人际交往中，享乐主义、拜金主义等错误思想有蔓延的趋势，相当一部分大学生对人际关系现状感到迷茫，70%以上的大学生在人际交往中感到缺乏信任感和安全感。

(二) 心理因素

1. 认知因素

在大学生的人际交往中存在两种对立的认知态度，一种是极端地以自我为中心，我行我素，清高自傲；一种是过分自卑，一味地迁就、忍让。对自己认知的关键是恰当的自我评价，若过高地评价自己，会使人骄傲自大，在人际交往中盛气凌人，或不屑与他人交往；若过低地评价自己，则会使人自卑，害怕与他人交往，导致人际交往中的恐惧心理，如社交恐惧等。

2. 情绪因素

人际交往带有浓重的情感色彩，情绪决定着交往者彼此的交往行为。大学生感情丰富，情绪变化较快，缺乏稳定性，有时对人、对事过于敏感，有时又很容易冲动，常常凭个人一时的好恶改变对人的看法，产生一些不良的情绪和行动，导致人际关系缺乏稳定性，造成人际交往困难或障碍。

3. 人格因素

人格是人际交往中的重要因素，人格缺陷者容易在人际交往中给对方留下不良的评价，导致人际交往障碍。大学生在交往中，应努力塑造一些积极的人格特征，如尊重、宽容、真诚、富有同情心等，尽量避免虚伪、自私、嫉妒、猜疑、固执等消极的人格特征，逐渐形成健全、完善的人格，为建立良好的人际关系打下坚实的基础。

活动体验

孤 岛 求 生

一、活动目的

(1) 促进学生的相互理解和支持。

(2) 体会团队合作的重要性，从而营造良好的班级氛围。

(3) 检验沟通技巧，学习运用不同的沟通方式。

二、活动过程

1. 活动背景介绍。三座孤立却又相隔不远的小岛上住着三种截然不同的人群：健全人、盲人和哑人。这三座岛分别被称为珍珠岛、盲人岛和哑人岛。三座岛上的人平时很少联系，但这一次他们必须联合起来对抗海盗。他们齐聚到一座岛上之后，面临的一些实际困难该怎么解决呢？

2. 将所有队员分成三组。

3. 将三组队员分别安置在珍珠岛、哑人岛和盲人岛上。

4. 发放任务卡。

1) 珍珠岛任务卡

(1) 任务：

① 器械有一双筷子、一张报纸、一段胶带，要求利用这些器械使鸡蛋从高处落下不碎。

② 利用一定的物理原理和器械，将所有的人集中到一座岛上。

(2) 注意事项：

岛的四周是松软的沙地，受力过重可能会塌陷。

2) 哑人岛任务卡

(1) 任务：

将所有的人集中到珍珠岛。

(2) 注意事项：

① 只有哑人可以协助盲人移动。

② 只有哑人可以移动木板。

③ 只有盲人完成了第一个任务后才能移动木板。

④ 哑人不得开口说话。

⑤ 岛的周围是激流，任何人和物品一旦落水都将被冲到盲人岛。

3) 盲人岛任务卡

任务：

① 岛的周围是激流，将一个球投入水中的一个桶中。

② 将所有的人集中到珍珠岛。

5. 各组开始行动。

6. 全部队员集中到一座岛上，任务完成。

7. 感悟分享：

(1) 在活动过程中，三组队员的感受分别是什么？

(2) 在这个活动中，自己需要改进的地方是什么？

(3) 在现实生活中有没有类似的情况？

(4) 活动对未来的工作有什么启示？

(5) 珍珠岛的队员分清主次了吗？有没有被琐碎的事情牵绊住？有没有听清规则？

(6) 盲人岛的队员有没有把自己的感受告知其他组的队员？

(7) 哑人岛的队员遇到困难时，主动和珍珠岛的人做充分沟通了吗？

三、活动感悟(学生填写)

(1) _____

(2) _____

(3) _____

四、活动点评(老师填写)

(1) _____

(2) _____

(3) _____

训练与测评

人际交往能力测评

人际交往能力测评能够帮助大学生初步觉察自身的人际交往风格，掌握基础沟通与协作技巧，并识别可提升的方向。测评的流程和内容如下。

一、情景模拟：职场初体验

学生 4～5 人为一组，模拟"部门临时小组"情景。每组随机抽取一个与未来职业相关的简单任务卡(例如策划一次小型车间安全宣传活动、解决一个客户简单投诉、策划一场低成本迎新活动)。组内推选一名临时"小组长"，讨论并形成初步方案。组内讨论过程中，小组成员就以下问题进行重点观察：如何提出想法？如何倾听？如何达成共识？如何分工？

二、互动测评：人际交往风格速写

小组成员根据情景模拟体验，快速在表 5-3 中勾选最符合自己表现的描述(每个项目选1～2 个选项)。

表 5-3　人际交往风格速写

项　目	选　项				
	A	B	C	D	E
表达方面	积极发言	先听再说	较少主动说	清晰有条理	有时词不达意
倾听方面	专注看对方	常打断	会点头回应	容易走神	能总结他人观点
合作方面	主动承担	配合分配	坚持己见	回避冲突	促进调和
情绪反应	轻松自然	略有紧张	感到不耐烦	担心被否定	

三、小组反思与分享

组内成员基于互动测评结果，就以下问题进行分享：刚才在小组中最满意自己哪一点、自己在哪方面可以做得更好、组内同学的哪种沟通和协作方式值得自己学习。每组派代表简要分享小组讨论结果。

四、教师总结与引导

教师简要点评测评过程中观察到的普遍优点和问题。

知识拓展

洞穴实验——蒙塔尔的人生奥秘

意大利洞穴专家毛里奇·蒙塔尔曾只身来到意大利中部内洛山的一个地下溶洞里，在"先锋地下实验室"里亲身经历了长达一年的洞穴实验。

"先锋地下实验室"设在溶洞中一个 68 平方米的帐篷内，里面除配备有科学试验用的仪器外，还设有起居室、卫生间、工作间和一个小小的植物园。在洞外山顶上的控制室里，研究人员通过闭路电视系统观察蒙塔尔在长期孤独生活的情况下，生理方面产生的变化。

2000 米深的溶洞里万籁俱寂。刚开始 20 天左右，由于寂寞与孤独，蒙塔尔曾经感到害怕，他怀疑自己能否坚持到底，但后来还是坚持住了。他给果树和蔬菜浇水，看书、写作或看录像片，实验室内还备有一辆健身自行车，他共骑了 1600 多公里。

度过了一年多暗无天日的地下生活后，蒙塔尔重见天日。这时，他的体重下降了 21 公斤，脸色苍白消瘦，人也显得憔悴，免疫系统功能降到最低点；如果两人同时向他提问，他的大脑就会混乱；他变得情绪低落，不善与人交谈。虽然他渴望与人相处，希望热闹，但他的确已丧失了交际的能力。

蒙塔尔说："过了这一年我才知道，人只有与人在一起时，才能享受到作为一个人的全部快乐。过去，我喜欢安静，常倾向于独处；现在，我宁可选择热闹，也不要孤寂。这场实验使我明白了一个人生的奥秘，生活的美好在于与人相处。"

人际吸引原则与方法应用工具页

任务 5.2　大学生人际交往原则与技巧

成长案例

小张，大二学生，因委屈和愤怒无法排解而走进心理咨询室。她来自一个普通的家庭，有一个哥哥和一个姐姐，她是家里最小的孩子，性格比较内向、敏感，对自己缺乏信心。进入大学后，和一些陌生的同学生活在一起，让她觉得很不舒服。渐渐地，她发觉自己的同学都很不友好。听到有人窃窃私语，她就会认为那是在议论自己，说自己的坏话；看到别人一个不经意的眼神，她就会认为那是在嘲讽自己；同学们偶尔开句玩笑，她也认为那是有意针对自己。一次她从图书馆借的书不见了，她就认定是舍友拿走了，目的是让她赔钱。她为此与舍友发生了争吵。从此以后，身边的同学不再理睬她。她感到心中的委屈和愤怒无处发泄，觉得没有一个人可以信任。

思考：张函的问题该如何解决？

心理知识

每个成长中的大学生，都希望自己生活在良好的人际关系氛围中。如何提高人际交往魅力，保持良好的人际关系状态，这是值得每个大学生思考的问题。在校大学生应从性格、能力、学识、体态、交际方式与社会经验等方面锻炼自己，使自己能够适应大学生活。掌握人际交往的基本原则对提高自身人际关系的处理能力至关重要。

一、人际交往的基本原则

(一) 交互原则

从心理学上讲，每个人都是天生的自我中心者，每个人都希望别人能承认自己的价值，支持自己，接纳自己，喜欢自己。由于这种寻求自我价值认同和情绪安全感的倾向，在社会交往中，个体更重视自我表现，注重吸引别人的注意，希望别人能接纳自己，喜欢自己。美国社会心理学家阿伦森的研究表明，人际关系的基础是人与人之间的相互重视、相互支持，对于真心接纳和喜欢我们的人，我们也更愿意接纳对方，愿意同他们交往并建立和维持关系。

福阿夫妇 1975 年的研究表明，任何人都有着维持自己心理平衡和稳定的倾向，都要求自身同他人的关系保持某种适当性、合理性，并据此对自己与他人的行为加以解释。这样，当别人对我们表示出友好、接纳和支持时，我们也感到应该对别人报以相应的友好，这种"应该"的意识会使我们产生一种心理压力，即必须接纳别人，否则我们的行为就显得不合理。与此同时，如果我们的友好行为被别人接纳，我们也希望别人做出相应的行为，如果别人的行为偏离了我们的期望，我们会认为对方不通情理，从而产生一种不愉快的情绪体验，对对方产生排斥心理。

从这个意义上讲，我国古人所讲的"爱人者，人恒爱之""己所不欲，勿施于人"是有其心理学基础的。

(二) 功利原则

心理学家霍曼斯于 1961 年提出，人与人之间的交往本质上是一个社会交换过程。人们希望这种社会交换对自己来说是值得的，希望在交换过程中至少得等于失，不值得的交换是没有理由去实施的，不存在交互的关系也没有理由维持，所以人们的一切交往行为及一切人际关系的建立与维持都是根据一定的价值观进行选择的结果。对于那些对自己来说是值得的，或是得大于失的人际关系，人们倾向于建立和保持；对自己来说不值得的，或失大于得的，人们就倾向于逃避、疏远或终止。

我国心理学家研究发现，根据人们价值观的不同倾向，人际交往中存在着不同的社会交换机制。对重内在情感价值的人而言，他们在人际交往中卷入更多个人情感，因而有明显的重情谊、轻物质的倾向，与别人的交换倾向于增值交换。他们在人际交往中感到欠别人的情分，因此在回报时，往往也超出别人的期望，这种过程的循环往复，导致的结果是交往双方都感到得大于失。与此同时，对重外在物质利益的人而言，他们在人际交往中往往不会卷入过多的个人情感，而是倾向于用物质来衡量自己的得失，在人际交往中的交换多为减值交换。

(三) 自我价值保护原则

自我价值保护指个人对自身价值的意识与评判，指人为了保持自我价值，心理活动的各个方面都有一种防止自我价值遭到否定的自我支持倾向。

人在任何时期的自我价值感都是既有的一切自我支持信息的总和。自我支持的变化来自两方面：一是符合人们意愿，自我支持力量的增加；另一方面，与人们的期望相反，使人们面临自我价值威胁，因而必须进行自我价值保护的消极变化，即自我支持力量的减弱或自我面临新的攻击。

特别地，当我们面临所肯定的人转向否定时，存在两种选择：一是承认别人转变的合理性，否定自己，贬低自我价值；二是进行自我价值保护，尽可能维持自我价值的稳定，降低所失去的自我价值对自己的重要性。自我价值否定是非常痛苦的，因此当面临自我价值威胁时的优先反应不是否定自身，而是尽可能保护自己。

(四) 尊重原则

尊重包括自尊和尊重他人两个方面。自尊就是各种场合自重自爱，维护自己的人格；尊重他人就是尊重他人的人格、习惯与价值，尤其是尊重隐私。尽管由于主客观因素的影响，人与人在气质、性格、能力和知识等方面存在差异，但人格是平等的。

(五) 真诚原则

真诚是人际交往中最重要、最有价值的原则。以诚相待是人际交往得以延续和深化的保证。

(六) 宽容原则

宽容表现在对非原则问题不斤斤计较，能够以德报怨。人际交往中难免会遇到令人不快的人与事，我们要学会宽容，学会克制和忍耐。大学生在人际交往中心胸要宽，姿态要高，气量要大，遇事要权衡利弊，切不可事事斤斤计较、苛求他人、固执己见，要尽量团结与自己有分歧见解的人，营造轻松的交际环境。

(七) 理解原则

相互理解是促进人际沟通、交往的条件。就人际交往而言，我们不仅要细心了解他人的处境、心情、特性、好恶和需求等，还要根据彼此的情况，主动调整或约束自己的行为，尽量给他人以关心、帮助和方便。正如古人所言，"己欲立而立人，己欲达而达人""己所不欲，勿施于人"。

(八) 信用原则

人际交往要讲究信用。信用有两层含义：一是言必信，即说真话，不说假话；二是行必果，即说到做到，遵守并践行诺言。要取信于人，第一要言行一致，说到做到；第二要信任，不仅要信任别人，而且要争取赢得别人的信任；第三不要轻易许诺，即不说大话，不做基本无把握的许诺；第四要诚实，即自己能办到的事一定要答应别人去办，办不到的事要讲清楚，以赢得对方的理解；第五要自信，即要有自信心，相信自己能行，给人以信赖感和安全感。

二、大学生人际交往能力的培养

在人际交往过程中，有的人得心应手，而有的人却屡屡碰壁受挫，这就涉及交往技巧和能力。克服交往障碍，改善人际关系，加强人际交往，这是大学生必须掌握的能力。

(一) 提高认识，掌握技巧

每个人都希望自己能有良好的人际关系，都希望拥有多一些的朋友。大学生要注意观察体验，调整自己的认知结构，形成积极的、准确的人际交往观念，掌握一定的人际交往规律，以提高人际交往能力。

1. 正确认识自己

正确认识自己是人际交往的前提与良好的开端。大学生要客观公平地评价自我，既不清高，也不妄自菲薄，又要充分发挥自己的长处。

2. 客观评价他人

任何群体中的成员都具有各自的优缺点，所谓"三人之行必有我师"。处于青春期的大学生自尊心极强，因而在交往中要客观地评价他人。客观评价并尊重他人是成功交往的关键。

3. 消除错误认知

有的大学生虽然很想和他人建立良好的人际关系，但是由于认知有偏差，他们认为"先同别人打招呼显得自己低人一等"，还有的学生认为"害人之心不可有，防人之心不可无"，认为人与人的关系中充满"博弈"，害怕在交往中遭到他人的算计，因此处处小心谨慎，缺乏主动热情。其实，人际交往是一个心理互动的过程，要赢得别人的友谊，我们首先要向对方主动地发出友善的信号。大多数学生的交往动机是单纯的，交往行为是符合道德的。大学生不能因为害怕自己在交往中遭到别人的算计而把自己封闭起来。

(二) 充分实践，改善方式

良好的人际关系是在交往中形成和发展起来的。大学生从入校的第一天起，就要注意加强交往的实践，不断调整和改善自己与人交往的方式，以形成良好的交往能力。

1. 优化个人形象，建立良好的第一印象

关于如何建立良好的第一印象，戴尔·卡耐基在《如何赢得朋友和影响他人》一书中提出了六条途径：

(1) 真诚地对待别人；

(2) 保持轻松的微笑；

(3) 多提别人的名字；

(4) 做一个耐心的倾听者，鼓励别人谈论自己；

(5) 谈论符合别人兴趣的话题；

(6) 以真诚的方式让别人感到他很重要。

2. 讲究交谈艺术

好的谈话方法可以改善人际关系，而不得体的话语则会伤害人际关系。大学生在交往过程中要提高交谈的能力，首先必须具备良好的语言表达能力，以广博的知识做后盾，以杰出的口才做保障。人际交谈中还要特别注意：讲求停顿，使用短句，要给对方询问和发表意见的机会；言语本身要通俗易懂，吐字清晰，言辞得体，不要让对方误会；态度要友好、热情、礼貌、谦虚，避免无益的争辩。

3. 学会倾听

人际交往时要学会有效倾听，做到耐心、虚心、会心。倾听别人讲话时要用眼睛注视着对方，不要随意打断对方讲话，并随时给予点头等非言语的鼓励，也可提一些问题，让对方更有兴趣说下去。

4. 换位思考

一个人在不同场合具有不同角色，在教室是学生，在阅览室是读者，在商店是顾客。在交往活动中，大学生要经常换位思考，设想自己处在对方情境中，体会一下他人的心理感受、心理状态和行为方式，以理解别人的感情和行为，从而改善自己待人的态度。这种换位思考也是培养交往能力的好办法。

(三) 克服障碍，大胆交往

1. 战胜自卑

自卑的人往往容易把自己孤立起来，并形成恶性循环，越是怯于交往，就越自卑。因此大学生首先要积极与人交往，并通过成功的交往开阔自己的胸怀。充满自信才能在精神

上和躯体上都有所放松，从而显得坦然自若，沉着镇定。第一次成功的社交经验将会极大地消除社交神秘感并增强对自己的社交能力的信心，从而逐步进入人际交往的良性循环。

2. 克服羞怯

羞怯的人应注意不要过多地计较别人的评论，被别人评价是很正常的，不必过于在意。无论别人的评论是不是肯定的，大学生都应将其看成对自己的一种促进，并以此为动力。此外，大学生还要争取更多锻炼的机会，对于一个非常羞怯的人而言，当他在陌生人面前勇敢地讲出第一句话后，随之而来的不再是羞怯，而是战胜自我的喜悦。因此大学生要争取更多的锻炼机会，不断提高自己的交往能力，还要学会通过暗示来控制自己的情绪。

3. 克服嫉妒心理

轻微的嫉妒心理使人感受到一种压力和一种超越他人的动力，但是严重的嫉妒心理会导致焦虑、敌意和憎恨。要克服嫉妒心理，大学生首先要认清嫉妒是打击别人、贻误自己的消极心理；其次，要正确认识自己与他人的差异，多看别人的优点，学会取长补短；此外，还可以勇敢地向对方提出挑战，以更好的成绩去证明自己的能力。

4. 克服猜疑心理

猜疑心理是交往的大敌，消除猜疑心理，最根本的方法是消除私心杂念。当产生猜疑心理的时候，大学生要暗示或者督促自己加强交流与沟通，尽快地认识和了解他人；同时要用理性的思考代替冲动，用自我安慰代替怀疑。当开始对他人产生猜疑的时候，大学生应寻找自己猜疑的原因，证明其合理性，不要轻信流言，而要冷静地以合理的方法去调查了解，以找到真实的证据，形成正确的判断。

(四) 培养品质，善于沟通

1. 真诚

"人之相知，贵相知心"。真诚的交往能使双方拉近心理距离；真诚的交往能使友谊地久天长。在人际交往中，坦诚言明自身的利益，显得真诚而又合情合理。不管对待什么交往对象，大学生都应该以平等的态度待人，不俯仰讨好位尊者，也不藐视冷落位卑者，做到不卑不亢，这会显得真诚而坦率。

2. 信任

美国哲学家和诗人爱默生说过："你信任人，人才对你重视；你以伟大的风度待人，人才表现出伟大的风度。"在人际交往中，信任就是要相信他人的真诚，从积极的角度去理解他人的动机和言行，而不是胡乱猜疑，相互设防。信任他人必须真心实意，而不是口是心非。

3. 克制

与人相处，难免发生摩擦冲突，克制往往会起到"化干戈为玉帛"的效果。克制是以大局为重，但并不是无条件的，应有理、有利、有节。如果是为一时苟安，忍气吞声地任凭他人无端攻击、指责，则是懦弱的表现，而不是正确的克制。

4. 自信

"人必其自爱也，而后人爱诸；人必其自敬也，而后人敬诸。"自信也是知此，在人际交往中，自信的人总是不卑不亢、落落大方、谈吐从容，这绝非孤芳自赏、盲目清高，而是对自己的不足有所认识，并善于听从别人的意见、接受别人的帮助，勇于改正自己的错误。培养自信要善于"解剖自己"，发扬优点，改正缺点，在社会实践中磨炼、摔打自己，使自己尽快成熟起来。

5. 热情

在人际交往中，热情能给人以温暖，能促进人的相互理解，能融化冷漠的心灵。因此，待人热情是沟通人之间的情感、促进人际交往的重要品质。

6. 幽默

幽默是人类智慧的光芒，它能与机智、诙谐、乐观、自信等优秀品质结合在一起。幽默是人际交往的润滑剂。但是要注意，幽默不是讽刺，在与人交往时，绝不可取笑他人。

大学生处于一个渴求交往、渴求理解的心理发展时期，良好的人际关系是他们心理正常发展、个性保持健康和具有安全感、归属感、幸福感的必然要求。大学生与集体、同学、教师、朋友和家人维持良好的人际交往、保持良好的人际关系，便会感到被人理解、被人接受，有安全感，从而心情会更加舒畅，性格会更加开朗，兴趣爱好会更加广泛，思维会更加活跃。

(五) 善用人际交往中的特殊效应

人际交往中存在着一些特殊效应，它们对于建立良好的人际关系有着巨大的影响，使我们在与他人交往的过程中达到事半功倍的效果。

1. 首因效应

心理学上的首因效应就是我们通常所说的第一印象或最初印象。

第一印象会直接影响双方今后的交往，良好的第一印象是进一步交往的基础。外貌仪表是第一印象的"窗口"，虽然，"以貌取人，失之子羽"的道理人人都懂，但外貌在人际交往，尤其是初次接触中，对人际吸引有着强烈的影响却是事实。要给对方留下良好的第一印象，适度修饰自己非常必要。交往前，我们可以根据自己的肤色、身材、年龄、职业和交往情境适度打扮一下，使自己显得更有活力。此外，微笑也是一种简单有效的人际吸引方法，微笑传达着友善，暗示着自信，代表着乐观。保持阳光般的微笑，能够营造出明朗的人际氛围。

2. 近因效应

近因效应是指最近一次交往给对方留下的印象所产生的影响。最近一次交往留下的印象，往往是最深刻的印象。一般而言，熟人交往的近因效应会发挥较大的作用，因此我们平时应该注意给人留下良好的最近印象。

3. 光环效应

光环效应又称晕轮效应，是指在交往的过程中，人往往会从对方的某个优点而泛化到其他有关的方面，根据不全面的信息形成完整的印象。光环效应往往对恋爱的双方起更明显的作用，正所谓"情人眼里出西施"。

4. 投射效应

投射效应是指在交往的过程中，人总是假使他人和自己有相同的倾向，即把自己的特性投射到他人身上，从而形成对他人的印象。有时候，我们对他人的猜测，无形中透露的正是自己，所以，不要对别人妄加猜测，不要以小人之心度君子之腹。

5. 刻板效应

刻板效应是社会上对于某一类事或人的一种比较固定、概括而笼统的看法。在人际交往中，我们有时会把对某一类人的整体看法强加到其中每一个个体上，而忽视了个体特征。刻板效应有利于总体评价，但对个体评价会产生偏差。

活动体验

驿 站 传 书

一、活动目的

(1) 了解沟通的重要性，掌握正确传递信息和交流沟通的方法。

(2) 体会沟通中的障碍，了解沟通的过程和要素。

(3) 体会充分沟通对团队目标实现的重要意义，增强团队的合作精神。

二、活动准备

(1) 每组一个秒表、一张 A4 纸和一支黑色水笔。

(2) 数字卡片若干张。

(3) 每组一位助教。

三、活动过程

(1) 班级同学分组。

(2) 进行第一轮驿站传书：传递三个自然数组成的百位数。

① 开始前各小组有六分钟的讨论时间，以指定沟通密码的方法和流程制度。

② 各小组面向讲台成一列纵队席地而坐，每两列之间间隔 30～40 厘米。

③ 助教给每组最前端的同学发一支笔及一张 A4 纸，记录最后接收到的信息。

④ 助教给每组最后一名同学派发数字卡片，并要求其看清上面的数字信息。

⑤ 任务开始，助教开始计时。各组最后一名同学用事先约好的方法依次将数字传递给前面的同学，直到第一名同学。

⑥ 每组第一名同学将自己接收的数字写在事先准备好的纸上后举手，助教立即结束计时并上前收取信息，然后由最后一名组员大声读出卡片上的信息，验证其内容是否正确并做好记录。

(3) 进行第二轮驿站传书：传递一个带有小数点的四位数，重复第一轮步骤(1)至(6)。

(4) 进行第三轮驿站传书：传递一个七位数，重复第一轮步骤(1)至(6)。

(5) 驿站传书任务完成，公布各小组成绩，得分最高的小组为胜。

(6) 感悟分享：各组就以下问题进行讨论，讨论结束后各组由一名同学上台进行分享。

① 通过本次体验活动你对人际交往的沟通有何新的感受？

② 你和你的小组是如何完成本次任务的？

③ 通过本次体验活动你有哪些收获？

四、注意事项

(1) 不能讲话，不能转头。

(2) 不能传递纸条。

(3) 不准使用手机等通信工具。

(4) 任何人都不能离开自己的位置。

(5) 后面同学的手不能越过前面同学的背部。

五、活动感悟(学生填写)

(1) _____

(2) _____

(3) _____

六、活动点评(老师填写)

(1) _____

(2) _____

(3) _____

训练与测评

人际关系行为困扰诊断

表 5-4 是大学生人际关系行为困扰诊断量表，一共有 28 个项目，请你根据自己的实际情况，逐一对每个项目做"是"或"否"的回答，在相应的选项下打"√"。

表 5-4　人际关系行为困扰诊断量表

项　　目	选　项	
	是	否
(1) 关于自己的烦恼有口难开		
(2) 和生人见面感觉不自然		
(3) 过分地羡慕和嫉妒别人		
(4) 与异性交往太少		
(5) 对连续不断的会谈感到困难		
(6) 在社交场合，感到紧张		
(7) 时常伤害别人		
(8) 与异性交往感觉不自然		
(9) 与一大群朋友在一起时，常感到孤寂或失落。		

项　　目	选　项	
	是	否
(10) 极易受窘		
(11) 与别人不能和睦相处		
(12) 与异性交往不知道如何适可而止		
(13) 当不熟悉的人向自己倾诉他(她)的生平遭遇以求同情时，常感到不自在		
(14) 担心别人对自己有坏印象		
(15) 总是尽力使别人赏识自己		
(16) 暗自思慕异性		
(17) 时常避免表达自己的感受		
(18) 对自己的仪表(容貌)缺乏信心		
(19) 讨厌某人或被某人所讨厌		
(20) 瞧不起异性		
(21) 不能专注地倾听		
(22) 自己的烦恼无人可倾诉		
(23) 受别人排斥，感到被冷落		
(24) 被异性瞧不起		
(25) 不能广泛地听取各种意见和看法		
(26) 自己常因受伤害而暗自伤心		
(27) 常被别人谈论、愚弄		
(28) 与异性交往不知如何更好地相处		

一、评分方法

选择"是"得 1 分，选择"否"得 0 分，相加得到总分。

二、结果解释

总分在 0～8 分之间：你与朋友相处的困扰较少。你善于交谈，性格比较开朗，会主动关心别人。你对周围的朋友都比较友好，愿意和他们在一起，他们也都喜欢你，你们相处得不错。而且，你能从与朋友的相处中得到许多乐趣。你的生活是比较充实而且丰富多彩的，你与异性朋友也相处得很好。总的来说，你不存在或较少存在交友方面的困扰，你善于与朋友相处，人缘很好，能获得许多人的好感与赞同。

总分在 9～14 分之间：你与朋友相处存在一定程度的困扰。你的人缘一般，换句话说，你和朋友的关系并不牢固，时好时坏，经常处在一种起伏之中。

总分在 15～28 分之间：你同朋友相处的行为困扰比较严重，如果分数超过 20 分，则表明你的人际关系行为困扰程度很严重，而且在心理上出现较为明显的障碍。你可能不善于交谈，也可能是一个性格孤僻的人，不开朗，或者有明显的自高自大、讨人嫌的行为。

知识拓展

人际吸引中的增减原则

美国社会心理学家阿伦森与林德请了许多被试者来参加一项实验，其中一位被试者实际上是研究者的助手，即假被试者。研究者安排这名假被试者担当这些被试者们的临时负责人。在每次实验的休息时间，这名助手都会离开被试者们，到研究者的办公室进行情况汇报，其中会谈到对其他被试者的印象和评价。被试者们的休息室与研究者的办公室只有一墙之隔，虽然他们压低声音谈话，但是实验以巧妙的安排，让被试者们每次都能清楚地听到别人对自己的评价。

被试者们分成四组，并对应四种情境：

(1) 肯定。第一组被试者始终得到好的评价，假被试者从一开始就用欣赏的语气评价他们，并表示非常喜欢他们；

(2) 否定。对于第二组被试者，假被试者从始至终都对他们持否定态度；

(3) 提高。对第三组，假被试者前几次给出否定的评价，后几次则由否定逐渐转向肯定。

(4) 降低。对第四组，假被试者前几次给出肯定的评价，后几次则从肯定逐渐转向否定。

然后，研究者调查了所有被试者对这个助手的喜欢程度，并让被试者们在 −10 到 10 分中给出答案分。结果发现，第一组给出的喜欢程度的平均分是 6.42，第二组为 2.52，第三组为 7.67，第四组为 0.87。

这一实验揭示了人际吸引中的增减原则。这些数据说明，人们对原来否定自己而最终变得肯定自己的对象的喜欢程度最高，且明显高于一直肯定自己的对象；而对于从肯定到否定变化的交往对象的喜欢程度最低，且低于一直否定自己的交往对象。也就是说，在人际关系中，我们最喜欢的是对我们的喜欢程度不断提高的人，而最厌恶的是对我们的喜欢程度不断降低的人。

冲突解决与沟通训练工具页

项目6 爱情密码

　　爱情是人类永恒的主题和情感。对爱情的渴望和执着是人类的天性。爱情使人年轻，爱情也使人苍老；爱情能造就一切，爱情也能毁灭一切。"爱是生命的火焰，没有它，一切变成黑暗。"罗曼·罗兰如是说。人因为爱来到世上，也为了爱才活着。爱，就是充实了的生命。

任务 6.1　大学生恋爱关系建立和维护

成长案例

小李和小张是一对大学生情侣，两个人感情深厚，但近期因未来规划不一致而频繁争吵。小李希望毕业后继续深造，而小张则想早日工作。两人都感到对方不理解自己的想法，关系逐渐紧张。他们意识到需要找到方法改善现状，但不知道从何入手。

思考：

(1) 小李和小张在恋爱关系中存在哪些问题？

(2) 如果不解决这些问题，会对他们的恋爱关系产生哪些影响？

(3) 你可以为小李和小张提供哪些建议，来帮助他们改善关系？

心理知识

在青春的校园里，健康的恋爱关系如同温暖的阳光，照亮彼此的世界。它不仅关乎情感的满足，更深刻地影响着恋爱双方的心理健康与个人成长。

一、健康恋爱关系对大学生心理健康的重要性

(一) 提供情感支持，提升心理韧性

《2024 年中国大学生心理健康状况调查报告》明确指出，拥有稳定恋爱关系的学生在面对生活中的压力和挑战时，往往具有更高的心理韧性和更好的适应能力。大学时期，学生们会遭遇各种各样的困境，如学业上的难题、人际关系的复杂、对未来职业的迷茫等，由此产生的压力如同潮水一般，随时可能将他们淹没。而稳定的恋爱关系就如同坚固的堤坝，为大学生们提供了强大的情感支撑。

在恋爱中，双方相互陪伴、相互支持，这种情感上的联结能够给予彼此无尽的力量。当一方陷入焦虑和抑郁情绪的泥沼时，另一方温暖的陪伴、耐心的倾听以及真诚的鼓励，就像一束光照进黑暗的角落，能够迅速缓解对方的负面情绪。例如，当一方在重要的考试中失利，或者科研项目遭遇挫折时，内心往往会充满沮丧和自我怀疑。此时，另一方给予的充分理解和安慰，能够让失落者的情绪迅速稳定并重新振作起来。并且，双方还能共同探讨解决方案，制订新的学习计划，互相鼓励着朝目标前进。在这个过程中，恋爱双方不仅增强了面对困难的勇气，还逐渐提升了心理韧性，从而能够更加从容地应对未来生活中的风风雨雨。

(二) 提升沟通与冲突解决能力

健康的恋爱关系十分强调真诚与开放的沟通。在大学这个相对自由和开放的环境中，大学生们来自不同的地域和家庭背景，有着不同的性格和价值观。当两个独立的个体走到一起并建立恋爱关系时，有效的沟通就显得尤为重要。

通过不断的交流，恋爱中的双方能够逐渐学会倾听对方的想法和感受。倾听不仅仅是用耳朵接收声音，更是用心去理解对方的内心世界。当一方分享自己的喜怒哀乐时，另一方专注地聆听，给予积极的回应，能够让对方感受到被重视和尊重。同时，双方也需要学会清晰地表达自己的需求和观点。在恋爱中，很多人会因为害怕冲突而选择隐藏自己的真实想法，这往往会导致误解和矛盾的积累。而健康的恋爱关系鼓励双方坦诚地表达自己，无论是开心的事情还是不满的情绪，都应毫无保留地说出来。这种真诚与开放的沟通能够提升大学生的人际交往技能，对未来的人际交往和职业发展都至关重要。无论是与朋友相处、与同事合作，还是与家人沟通，良好的沟通能力都是建立和谐关系的基础。此外，恋爱中难免会出现冲突和分歧，这其实是锻炼冲突解决能力的绝佳机会。学生们能在实践中逐渐掌握非暴力沟通等技巧。非暴力沟通强调观察、感受、需要和请求四个要素，通过这种沟通方式，双方能够以平和、理性的态度解决矛盾，避免情绪化的争吵和攻击。例如，当双方因为时间安排产生分歧时，一方可以运用非暴力沟通的方式说："我注意到我们这次约会的计划有些变动(观察)，我感到有些失落(感受)，因为我很期待这次约会(需要)，我们能不能一起重新商量一个大家都满意的时间(请求)。"通过这样的沟通方式，双方能够更好地理解彼此的立场，找到解决问题的最佳方案，从而促进个人的成熟与成长，为未来应对更复杂的社会关系做好准备。

(三) 促进自我认知与成长

恋爱就像是一面明镜，能够清晰地映照出大学生们的优点与不足，因此是自我认知的重要途径。在恋爱过程中，通过对方的反馈和自己的反思，大学生们能够更加全面、客观地认识自己。

每个人都有自己的盲点，有些优点自己可能没有意识到，而有些缺点也可能被忽视。恋爱中，对方就像是一个旁观者，能够从不同的角度观察自己，并给予真诚的评价。例如，一方可能性格比较内向，在社交场合中不太主动，而另一方可以指出："你在和熟悉的人相处时很开朗有趣，但在面对陌生人时可以更勇敢一些，多尝试主动交流，这样就会发现更多美好的事情。"这样的反馈能够让内向的一方认识到自己在社交方面的不足，并反思自己的行为模式。同时，另一方也可能发现内向一方在思考问题时更加深入、细致，能够给予自己不同的启发，从而让内向的一方认识到自己的优点。

基于这些反馈和反思，大学生们能主动做出改变，促进自我完善与提升。就像前面提到的，内向的一方可能会尝试参加一些社交活动，锻炼自己的沟通能力，逐渐变得开朗自信。在这个过程中，他们不断突破自己的舒适区，挑战自己的极限，实现自我成长。恋爱中的这种自我认知与成长是一个相互促进的过程，双方在彼此的影响下，都能够成就更好的自己，为未来的个人发展和幸福生活奠定坚实的基础。

二、大学生恋爱的常见困惑及调适

恋爱的过程是感情变化和发展的过程，在这个过程中两个人之间的感情，往往会伴随着各种矛盾和冲突。

（一）单恋

单恋是一种单向的情感状态，指一方对另一方产生爱慕之情，但另一方却并未对此予以回应。这种状态往往伴随着思念、期待与苦涩。单恋多是一场情感误会，是"爱情错觉"的产物。

大学生心理尚未完全成熟，单恋现象比较常见，且较多地出现在性格内向、敏感、富于幻想或有强烈自卑感的人身上。之所以出现单恋，主要是因为当事人对他人的认识出现了偏差。心理学认为，人的认识是客观事物在人脑中的反应，这种反应有时受到主观因素干扰，可能出现偏差。单恋者往往对倾慕对象一往情深，希望得到对方爱情的动机十分强烈。在这种心理支配下，他们常常会把对方的言行举止纳入自己主观需要的轨道来理解，造成对对方认知的偏差。例如，对方一个眼神、一丝微笑、一句模棱两可的话语，在旁观者看来微不足道，但当事人却坚定不移地认为是爱的表达，从而陷入单恋的深渊而不能自拔。

对于单恋可以从以下几方面进行调适。

1. 分清爱情和友谊的界限

"爱情错觉"的产生往往是由于单恋者爱恋对方，而对方也从言行上表示出好感。可对方的情感仅仅是好感，或者一种友谊的表现。虽然好感和友谊在一定条件下能发展为爱情，可它绝不是爱情本身。其实，好感和友谊是有着明显特征的，其明朗大方、公开多向，如果单恋者能冷静地观察和分析一下，就不会将其与爱情弄混。

2. 给自己的感觉打问号

心理学家认为，感觉只是人们认识客观事物的一种初级形式，它所反映的只是事物的个别属性，因此往往是不客观的。产生在感觉基础上的爱情只是一种感性感情，与真正的爱情不能相提并论。所以，当我们感受到某一位异性同学的好感时，一定要多问"为什么"，并进行冷静的思考，切莫过分相信自己的感觉，免得作茧自缚。

3. 能够急流勇退

一旦我们发现自己陷入单恋的境地，就应该毫不迟疑地打破这爱情上的"海市蜃楼"，尽快地摆脱自己编织的虚幻情网，借助理智的力量，获得感情上的解脱。如果我们对对方一见钟情，但很快发现对方并非如此，就要能够急流勇退，牢牢地掌住感情的舵，尽可能减少或避免与对方的接触，以减少因对方冷淡而造成的自卑感。反之，一味追求对方，或者沉溺于单恋的泥潭不能自拔，是很不明智的，这样只会使自己苦恼。

4. 倾吐心中的忧郁

单恋之苦闷在心中长期积压，就会百病丛生。所以，当我们感到困惑或者痛苦的时候，可把单恋的缘由、经过、幻想和苦闷，向老师、家长或最知心的朋友倾吐，听听他们的评说和劝慰。这样会使人一吐闷气，心境平静下来。但切忌逢人便讲，不看对象信口开河，这样只会引起麻烦，徒增烦恼。

5. 转移注意力

单恋的同学要拿出信心和勇气，与自己脆弱的感情做斗争。本不爱参加集体活动或体育锻炼的，如今要多去参加；本来对学习不感兴趣的，如今就要激发自己的学习兴趣；本来不善于交际的，如今就要多与人交往。这样可以求得解脱和安慰。

（二）多角恋

所谓多角恋，是指一个人同时被两个或两个以上的异性所追求，或一个人同时追求两个或两个以上的异性，并建立了爱情关系的状况。

多角恋是爱情纠纷的主要原因之一，实质上是比单恋更为复杂和严重的异常现象。由于爱情具有排他性和冲动性，因此任何一种多角恋都潜伏着极大的危险性，一旦当事人失控，就会给对方及社会带来严重后果。

多角恋的调适策略有如下几点。

1. 理性分析，慎重抉择

如果我们已处在一段恋爱中，此时又出现了另一个颇具吸引力的异性，我们应该理性分析。如果我们对既有的恋爱只是好奇与冲动，与对方感情不深、精神相容性较差，此时应先明确终止这段恋爱关系，待对方心理恢复正常，有一定心理承受能力，我们才能开始一段新的恋爱；而如果既有的恋爱关系稳定且持久，只是对方在次要方面与期待有差距，则应借助爱情的力量鼓励对方改进，逐步缩小与我们理想伴侣的差异，最终实现双方在人格、能力、志趣等层面的和谐。

2. 理智面对情感关系中的竞争

当我们获得爱情时，尽量不刺激失败者、激化矛盾，否则会损害自身爱情。当我们判定自己处于"劣势"，应有及时退出的大度和觉悟，并学会正确地自我评价和自我解脱，退出竞争的三角旋涡。这是明智之举，并非无能胆怯的表现。

（三）失恋

一般意义上所谓的失恋是指恋爱过程的中断，即恋爱受挫。失恋引起的主要情绪反应是痛苦与烦恼。大多数人能正确对待和处理这种恋爱受挫现象，并且逐渐摆脱痛苦和消极的情绪，走向新生活。然而也有一些人不能及时排解这种强烈情绪，导致心理失衡、性格异常。那么如何摆脱失恋的痛苦呢？

1. 尽情宣泄失恋后的不良情绪

再坚强的人，失恋后也难免会产生痛苦、焦虑等不良情绪。而想哭又不敢哭，甚至还要强颜欢笑，这对自己的伤害非常大。任何人都应该学会宣泄，尤其是在失恋之时。不能在众人面前哭的人，可以找个地方私下痛哭一场；不习惯大哭的人，也不妨让自己的眼泪尽情地流出来。

2. 不要纠缠对方

为了挽回感情，部分人在失恋时会有找对方好好沟通的冲动，并秉持着"我们再来一次，我们可以澄清所有的误会，然后和好如初；我们重新开始，抛开以前所有的误会"的心理动机，但是这种态度可能让对方感到厌烦。正确的做法应是不纠缠。

3. 从反省中成长

痛苦过后，我们应该理智地面对自己，冷静地分析问题所在。既然分手已是事实，那么我们就要敢于面对现实。分手不是是非对错的问题，而是适合与不适合的问题。试着问自己：我是怎样的人？问题出在哪里？是沟通方式还是价值观差异？在思考中提炼出成长的力量，这既可以加速心理创伤的愈合，也能帮助我们在之后寻找恋人时，选择比较能适应自己"特质"的对象。

4. 学会坚强

失恋者在初期最常见的情绪反应就是丧失信心、自怨自艾、愤愤不平、不想社交，或自甘堕落、逃避现实。这都是不好的情绪反应。我们应该坚强，一切都会过去，只有让过去成为过去，才能让未来到来。我们要好好安排自己的生活，要明白除了爱情，我们还有亲情、友情和梦想。

三、建立与维护健康的恋爱关系

(一) 沟通技巧

沟通是恋爱关系中的桥梁，良好的沟通技巧能够让双方更好地理解彼此，增进感情。沟通技巧包括以下几个方面：

(1) 积极倾听。积极倾听是沟通中至关重要的环节。在对方倾诉时，要全神贯注，将注意力完全集中在对方身上，用眼神及适当的肢体语言给予回应，让对方感受到你在认真倾听。不打断对方的发言，即使你有不同的观点或急于表达自己的想法，也要耐心等待对方说完。同时，避免在倾听过程中进行评判，不要以自己的价值观和标准去衡量对方的观点和行为，而要以开放和包容的心态去接纳。

(2) 非暴力沟通。非暴力沟通是一种有效的表达方式，它强调使用"我"语句来表达自己的感受与需求，避免指责与攻击对方。使用"我"语句可以让对方更清楚地了解你的内心感受，而不是产生防御心理。比如，不要说"你总是忽略我，根本不关心我"，这种指责性的语言容易引发对方的反感和抵触情绪。而是换成"我感到受伤，因为我觉得你没有重视我的意见"，这样的表达方式聚焦于自己的感受，更容易让对方接受，并引发对方的反思和回应。通过非暴力沟通，双方能够在平和的氛围中交流，避免不必要的冲突和矛盾。

(3) 定期交流。深入的定期交流是非常有必要的。在忙碌的生活中，人们很容易因为各种琐事而忽略了与伴侣的沟通。定期交流可以为双方提供一个专门的时间和空间，分享彼此的想法、感受、生活中的经历以及未来的规划等。可以在每周安排一个特定的时间，比如周末的晚上，一起坐在温馨的客厅里，泡上一杯热茶，面对面地交流。在交流过程中，要真诚地表达自己的内心想法，不要隐瞒或敷衍。通过定期交流，恋爱双方能够及时了解彼此的变化和需求，增进彼此的了解和信任，使感情更加深厚。

(二) 冲突解决

在恋爱中，冲突是不可避免的。发生冲突时，关键在于如何正确地解决冲突，避免冲突对感情造成伤害。

(1) 冷静分析。当冲突发生时，双方的情绪往往都比较激动，很容易做出冲动的行为或说出伤人的话。因此，冲突双方首先要冷静下来，给自己一些时间和空间来平复情绪。深呼吸、暂时离开冲突现场等方式可以让人冷静下来。然后，客观地分析冲突的根源，思考是沟通不畅、价值观差异还是其他因素导致了这次冲突。同时，也要反思自己在冲突中的责任，不要一味地指责对方。例如，如果双方因为消费观念不同而发生冲突，可以在冷静下来后，分析各自的消费习惯和观念形成的原因，以及在这次冲突中自己的态度和行为是否合理。

(2) 寻求共识。在冷静分析之后，双方要通过沟通与协商，寻找双方都能接受的解决方案。在沟通时，要保持平和的态度，尊重对方的意见和想法，不要强行要求对方接受自己的观点。可以从双方的需求和利益出发，寻找一个平衡点。例如，在讨论周末去哪里度过时，如果一方想去逛街，另一方想去爬山，双方可以共同探讨是否有其他地方既能满足逛街的需求，又能有爬山的体验，或者可以协商这次先去逛街，下次再去爬山。通过寻求共识，双方能够在解决冲突的过程中增进对彼此的理解和信任，使关系更加和谐。

(3) 妥协与包容。在解决冲突的过程中，妥协与包容是必不可少的。有时候，为了维持关系和谐，双方都需要做出一些妥协。妥协并不意味着放弃自己的原则和底线，而是在不违背原则的前提下，为了双方的共同利益而做出适当的让步。同时，也要包容对方的不足与错误，每个人都有自己的缺点，在恋爱关系中，要学会接受对方的不完美。当对方犯错时，不要一味地指责和抱怨，而是要以宽容的心态去理解和原谅对方，帮助对方改正。例如，如果对方偶尔因为工作忙碌而忘记了纪念日，不要大发雷霆，可以在表达自己失望的同时，说明对对方工作压力的理解，并一起商量如何避免类似情况的再次发生。

(三) 情感表达

情感表达是恋爱关系中的润滑剂，能够让对方感受到你的爱意和关心，增进彼此之间的感情。情感表达包括以下几个方面。

(1) 真诚赞美。经常表达对对方的欣赏与感激是非常重要的。每个人都希望得到他人的认可和赞美，在恋爱中更是如此。真诚的赞美能够让对方感受到自身价值和魅力，增强自信心。赞美要具体、真诚，不要过于笼统和虚伪。例如，不要只是说"你很漂亮"或"你很优秀"，而是可以说"你今天穿的这条裙子很适合你，显得你特别有气质"或者"你在工作中解决问题的能力真的很强，我很佩服你"。通过真诚的赞美，对方可以感受到你对他的关注和欣赏，从而增进感情。

(2) 小惊喜。小礼物、手写信等能给对方带来惊喜与感动，让对方感受到你的用心和爱意。小礼物不需要昂贵，重要的是它所蕴含的心意，可以是对方喜欢的一本书、一束花或者一份亲手制作的小点心。手写信则是一种更加温馨和浪漫的表达方式，在信中可以写下你对对方的思念、感激和爱意，让对方感受到你的真诚和深情。例如，在对方生日或者纪念日的时候，送上一份精心准备的小礼物，并附上一封手写信，表达你对他的爱和祝福，对方一定会非常感动。

(3) 共同回忆。创造并珍惜共同回忆，能够让感情更加深厚。一起旅行、参加活动等都是创造共同回忆的好方式。在旅行中，双方可以一起欣赏美景，体验不同的文化和风俗，共同面对旅途中的各种挑战和困难，这些经历都会成为宝贵的回忆。一起参加运动会、音乐会或者志愿者活动时，双方可以相互支持、相互鼓励，共同度过美好的时光。这些共同回忆会成为恋爱双方感情的纽带，使其更加珍惜彼此。

四、将健康恋爱关系转化为长期幸福

(一) 持续沟通与调整

恋爱关系是动态的，它会随着时间的推移和双方的变化而不断发生变化。因此，双方需要持续沟通与调整，以适应这些变化。定期回顾关系状况是非常重要的，可以每月或者每季度安排一个时间，坐下来一起回顾这段时间里你们的关系发展状况，讨论彼此的感受、需求和期望。例如，问问对方在这段时间里是否感到幸福和满足，对未来的生活有什么规划和期望。同时，也要及时调整相处模式，如果发现某些相处方式让双方感到不舒服或者不和谐，就要勇敢地做出改变。比如，如果以前你们总是因为谁做家务而争吵，那么可以一起商量制订一个家务分工计划，明确各自的责任，避免类似的矛盾再次发生。通过持续沟通与调整，恋爱关系能够始终保持良好的状态，朝着长期幸福的方向发展。

(二) 制订共同成长计划

制订共同成长计划可以让双方在恋爱关系中共同进步，增进彼此的默契与依赖，如一起学习新技能、参加培训课程等。在学习过程中，双方可以相互交流、相互帮助，共同提高。通过共同的目标和努力，恋爱双方不仅能够提升自己的能力和素质，还能增进感情，在面对困难和挑战时，还能相互鼓励、相互支持，共同克服困难，这种共同成长的经历会让恋爱关系更加牢固。

(三) 应对外界压力

在恋爱关系中，双方往往会面临来自家庭、朋友和社会的各种压力。比如，家庭可能对大学生的恋爱关系有不同看法，朋友可能会对恋爱双方的相处方式提出建议，社会也可能存在一些对恋爱关系的刻板印象和期望。面对这些外界压力时，恋爱双方应携手共进，共同应对。首先，恋爱双方要保持坚定的信念，相信你们的感情是真实的、美好的，不要轻易被外界的压力所动摇；然后，要与对方坦诚沟通，分享感受和想法，共同商量应对策略。例如，如果家庭对你们的恋爱关系有反对意见，你们可以一起与家人沟通，解释感情和未来的规划，争取家人的理解和支持。通过相互支持与鼓励，恋爱双方能够增强关系的稳定性与自身抗挫折能力，共同渡过难关，走向长期幸福。

活动体验

手 指 游 戏

一、活动目的

体会爱的含义。

二、活动过程

(1) 伸出两手，将中指向下弯曲，对靠在一起，即中指的指背靠在一起。

(2) 然后将其他的 4 对手指分别指尖对碰。

(3) 正式开始游戏，要确保以下过程中，5 对手指中只允许一对手指分开。

① 张开大拇指，大拇指代表父母，能够张开，每个人都会有生老病死，父母也会有一天离我们而去。

② 合上大拇指，再张开食指，食指代表兄弟姐妹，他们也都会有自己的家庭，也会离开我们。

③ 合上食指，再张开小拇指，小拇指代表子女，子女长大后，迟早有一天会有自己的家庭生活，也会离开我们。

④ 合上小拇指，再试着张开无名指。这个时候，我会惊奇地发现无名指怎么也张不开，因为无名指代表夫妻，夫妻是一辈子不分离的。真正的爱，是在一起后不分离。

三、活动感悟(学生填写)

(1) _____

(2) _____

(3) _____

四、活动点评(老师填写)

(1) _____

(2) _____

(3) _____

训练与测评

亲密关系质量自评

表 6-1 为亲密关系质量自评量表。其中，亲密关系被分为信任与安全感、情感响应度、冲突处理模式、个体成长支持和共同意义感五个维度，每个维度列有若干个典型陈述项目，回想你当前(或最近一段)重要的亲密关系，根据实际感受选择最符合的选项。其中，1 表示极少，2 表示较少，3 表示中等，4 表示较多，5 表示总是。需要注意的是，亲密关系质量自评表仅作自我觉察参考，并非诊断工具。

表6-1 亲密关系质量自评量表

维度	项目	选项				
信任与安全感	(1) 我们彼此坦诚，无需隐藏真实想法	1	2	3	4	5
	(2) 对方犯错时，我愿意给予理解而非指责	1	2	3	4	5
	(3) 我确信对方会在重要时刻支持我	1	2	3	4	5
情感响应度	(4) 对方能敏锐察觉我的情绪变化	1	2	3	4	5
	(5) 我悲伤或焦虑时，对方会主动安慰	1	2	3	4	5
	(6) 日常小事中(如分享趣事)能得到积极回应	1	2	3	4	5
冲突处理模式	(7) 争吵时我们会暂停冷静，避免语言伤害	1	2	3	4	5
	(8) 矛盾发生后能深入沟通根源问题，而非敷衍和解	1	2	3	4	5
	(9) 分歧最终会达成双方接受的方案	1	2	3	4	5
个体成长支持	(10) 对方尊重我的独立空间与个人目标	1	2	3	4	5
	(11) 我的进步会被真心赞赏，而非嫉妒和打压	1	2	3	4	5
共同意义感	(12) 在一起时，常感到生活更有意义和希望	1	2	3	4	5

一、评分方法

将表中每个题目的数字相加即为总分。

二、评定标准

52～60分为健康区，表示关系核心维度稳固，应注意保持动态平衡。

42～51分为成长区，表示存在可优化空间，建议进行针对性提升(如加强冲突后复盘)。

≤41分为觉察区，需关注关键矛盾，主动沟通或寻求支持。

知识拓展

恋爱行为实验

恋爱行为实验出自麻省理工学院著名经济学家丹·艾瑞里的《怪诞行为学 2：非理性的积极力量》一书，结果很有趣，在我们的生活中也尤为常见。

实验人员找来100位大学生作为实验者，男女各一半；然后制作了100张卡片，卡片上写了从1到100总共100个数字。

实验规则为：

(1) 男生单数编号，女生双数编号。

(2) 编号为1～100，但实验者不知道数字最大的是100，最小的是1。

(3) 编号贴在实验者背后，他们只能看见别人的编号。

(4) 实验者可以说任何话，但不能把对方的编号告诉对方。

(5) 实验要求为：实验者去找一个异性配对，两人加起来的数字越大，得到的奖金越高，奖金归他们所有。

(6) 配对时间有限。

这个实验设置很简单，就是要实验者找到适合自己的异性，争取能凑到最大的编号总和。实验奖金金额为编号总和的 10 倍。比如，83 号男生找到了 74 号女生配对，那么两人可以获得(83 + 74)×10 = 1570 美元的奖金。但如果 2 号女生找到了 3 号男生配对，那么两人只能拿到 50 美元。

实验开始后，由于大家都不知道自己背后的数字，因此首先就要观察别人。编号数字大的男生和女生很快被大家找出来了。99 号男生和 100 号女生两个人身边围了一大群人，大家都想说服他们和自己配成一对。

"来跟我一起嘛！我会给你幸福的！"

"我们简直是天作之合啊！"

但一个人不可能同时和多个人配对，因此他们变得非常挑剔，他们虽然不知道自己的编号具体是多少，但他们知道一定比其他人的要大。

那些碰壁的追求者迫于无奈只能退而求其次，原本他们给自己的目标是一定要找编号大于 90 的人配对，慢慢地发现 80 多也可以了，甚至 70 多或者 60 多也凑合。

但那些编号太小的人到处碰壁，到处被拒，被嫌弃。据一位学生事后表示，在参加了这场实验之后，他对人生的理解都有了不同……因为他在短短几小时里就感受到了人间的冷暖——他背后的数字太小了，要找一个愿意配对的人简直是难上加难。

最后他们想出来的办法无外乎两种：一种是找个差不多的配对，比如 5 号和 6 号配成一对，虽然奖金只有 110 美元，那也好过没有；二是和对方商量，如果愿意配对，奖金不对半分，对方可以拿到更多，比如三七分或四六分，或者事后再请对方吃饭，虽然请客吃饭花的钱肯定多过奖金数额，但是找不到人配对实在是太没面子了。经过了漫长的配对过程，眼看时间就要到了，还有少数人没有成功配对，这些人没办法了，只能赶紧草草找人完成任务。因为单身一人的话是拿不到奖金的。最后的倒数阶段，没有配对的大学生都随意找了个人。当然也有坚持不配对、单身结束游戏的大学生。

心理学家发现，绝大多数人的编号都与配对对象背后的数字非常接近，可见"门当户对"还是很有道理的。比如 55 号男生，他的对象有 80%的可能性是编号为 50～60 的女生，两个人数字相差 20 以上的情况非常少见。

有趣的是，100 号女生的配对对象竟然不是 99 号男生，也不是 97 号或 95 号，而是 73 号男生，两人编号相差了 27，为什么会相差这么多？

原来 100 号女生被众多的追求者冲昏了头，她采取的策略是"捂盘惜售"(因为她并不知道 100 是最大值，也不知道自己就是 100 号)，她还在等待更大数字的男生，等到大家都配对完毕，她终于开始慌了。于是她在剩下的男生里找了一个编号最大的，就是那位 73 号幸运儿。她最后也尝试过去找编号大于 90 的男生，但是人家都已经有女伴了，让他们抛弃现有的女伴跟她配对并不现实，他们不会为了这点钱而损坏自己的名声。

从中我们还可以总结出很多经验：

(1) 因为实验者太多，而试验场地太小，实验者并不可能去看每个人背后的数字。这就好比恋爱中的空间、圈子和地域限制。

(2) 边上围着的人多的实验者编号数字较大，而那些被很少人围着甚至无人问津的人，肯定是编号小的。这个现象可以帮助我们筛选出目标对象。这就类似恋爱中的多数抉择和光环效应。

(3) 编号小的人追求编号大的人一般都很辛苦，因为编号大的人接受编号小的人总不是那么甘心，因此追求方要付出更大的努力才行，更有可能的是他再怎么努力，对方也不予理会。

这场心理学实验完全就是人类恋爱行为的简化版。

亲密关系质量评估工具页

任务 6.2　大学生性心理发展与健康防护

成长案例

　　小王和小赵是大学同学，两人因共同的兴趣爱好逐渐走在一起。随着关系的深入，小王开始对性产生好奇与困惑，而小赵则对此感到羞涩和回避。两人都意识到需要找到合适的方法来处理这个问题，但不知道从何入手。

　　思考：

　　(1) 你认为小王和小赵在性心理方面存在什么问题？

　　(2) 如果不解决这个问题，会对他们的关系和个人成长产生哪些影响？

　　(3) 你可以为小王和小赵提供哪些建议来帮助他们改善性心理状态？

心理知识

　　进入青春期后，性在两性交往中的作用变得越来越重要。一方面，大学生正处于性激素分泌的旺盛时期，由此而产生的性冲动，常常使大学生对性充满了好奇。另一方面，社会规范和伦理道德的约束，使大学生不能随"性"所为。面对性的生理性与社会性冲突，大学生难免会产生心理困扰。了解这些困扰并寻找适当的解决之道，也是大学生心理健康的重要课题。

一、大学生面临的性困扰

(一) 渴望了解正确健康的性知识，却缺少合适的途径

　　在一项针对 1171 名大学生的心理调查中发现，无论男生还是女生都迫切地希望了解性方面的知识，如与异性交往的礼仪和方式、对待性冲动的正确方法及有关性的法律知识等。与大学生的迫切愿望形成反差的是，目前我国各个高校在提供全面的、系统的性知识教育和培训方面还存在欠缺。因此，大学生只有通过其他渠道来获取性知识。虽然现代社会资讯丰富，大学生可以通过电视、网络以及其他媒介来获取信息，但这种信息通常是零散的、不全面的，甚至是失真的。特别是一些关于性方面的描写，媒体往往带有渲染、夸张的色彩，给大学生错误的引导。

　　正确健康的性教育是既把性的知识不加渲染、不夸张地客观呈现给大学生，同时还要教导他们采取一种正确的性态度，特别是采取正确的方式处理性冲动。这样的性教育，一方面可以揭开性的神秘面纱，使大学生不再因为好奇而跃跃欲试；另一方面，也能帮助大

学生正确处理性冲动。

(二) 性知识缺乏导致的心理困扰

因为缺乏必要的性知识，很多大学生在与异性甚至与恋人交往时，会产生诸多的困惑。有的学生因为缺乏性知识而羞于与异性接触；也有学生因为性幻想而怀揣负罪感，种种现象不一而足。在性知识充足的人看来，这些担心和顾虑实在是不必要的；然而对于缺乏性教育的个别学生而言，这些担心和焦虑却是实实在在的。若不加以引导和化解，个体正常的学习和生活都会受到极大的影响。

(三) 亲昵过度导致婚前性行为的发生

热恋中的情侣常常会通过适度的身体接触来表达爱意，这是情感表达的自然方式，也是亲密关系中的正常现象。然而触觉较少依赖理性判断，更易直接触发情绪反应，同时与性心理、性生理有着较为密切的关联，因此成为容易引发性唤起的感官途径之一。

若性行为并非彼此的初衷，事后所产生的懊恼、自责以及愧疚感会给双方带来很多的困扰。由于这种性行为并非建立在彼此长久承诺的基础之上，又受到道德规范的约束，因此不能让双方享受到心理上的满足，甚至会对日后的幸福感产生负面的影响。因此，恋爱双方应该对亲昵行为有所节制。

二、对大学生婚前性行为及同居的看法

一项针对杭州 9 所高校大学生婚恋观的调查表明：有 15.5%的大学生认为婚前性行为很正常，持支持态度；48%的同学不反对也不支持；正在恋爱的大学生中，有 5.7%已经同居了，15.5%的有过性行为。从结果中不难看出，当代大学生对婚前性行为持一种比较宽容的态度。这种态度一方面可能源于社会本身对于婚前性行为的宽容度的提高，另一方面也和大学生处于性生理成熟期有关。大学生一旦进入恋爱关系，都会面临性的诱惑。然而，婚前性行为虽然是社会发展的正常现象，但其带来的消极影响也是不可忽视的。

大学生往往认为，同居可以使恋爱双方的关系更加亲密，从而提高对彼此的满意度。然而，国外的研究表明，同居双方对关系的满意度较低，存在的问题也更多。

由于缺乏经济基础、人格不够成熟等原因，大学生同居之后的关系满意度反而会下降，导致更多的冲突和不满，同居对恋爱关系不能起到积极的促进作用。此外，在同居过程中，恋爱双方绝大部分的时间是共同活动的，这就减少了与同性和同辈的交往，因而使自己的社会支持系统变小，一旦与恋人发生冲突，由于缺乏必要的社会支持，情绪困扰不易解决，对大学生的影响就更大。

大学生的任务除了积累知识之外，更为重要的是使人格逐步成熟。而对性冲动的理智把握不仅是人格成熟的标志之一，也是大学生学会对自己和他人负责的表现。大学生面对自己正常的生理冲动时，若能做到认知上不贬低，心理上不否认，情感上不排斥，行为上不为其所控，就可以认定其性心理已经足够成熟了。保守自己的贞洁，不完全是道德上的问题，在某种程度上也代表了一个人的自我约束能力。"性本能"被弗洛伊德看作是具有最强烈驱动力的本能之一，若一个人能对性加以自我约束，则足见其人格之顽强。拥有这

样人格的人，不论是在学业上还是在未来的事业上，都能取得显著的成绩。

三、培养健康的性心理

(一) 构建科学的性知识体系

为构建科学的性知识体系，大学生需要注意以下几个方面。

(1) 主动学习权威知识。大学生应通过正规渠道，如学校性教育课程、医学教材、权威科普平台等了解性生理结构、生殖健康、性传播疾病预防等基础知识，破除"性羞耻"和误解。大学生要认识性心理发展规律，理解性冲动、性幻想等是正常生理现象，无需过度自责或压抑。

(2) 区分性教育与色情内容。大学生应警惕网络色情信息对性认知的扭曲，避免将性等同于暴力或低俗娱乐；培养对健康性关系的审美，例如通过文学、艺术作品理解性作为情感联结的深层意义。

(二) 建立清晰的自我与边界认知

为培养健康的性心理，大学生需要对自身与边界的清晰认知，有独立的性道德标准。

(1) 探索个人性价值观。大学生应明确性对自身的意义，形成独立的性道德标准，而非盲目跟从他人或社会压力；同时明确自己的情感需求和身体主权，避免因孤独、好奇或取悦他人而妥协。

(2) 设定并坚守身体边界。大学生应明确原则：任何性接触必须基于双方自愿、清醒且无胁迫的状态，学会拒绝不当要求。

(三) 培养健康的情感与亲密关系能力

(1) 区分爱与性的边界。大学生要理解性是亲密关系的一种表达方式，但非唯一的或必要的条件。避免将性作为维系关系的工具或交换筹码；学会在恋爱中平衡情感依赖与独立人格，防止因过度投入而失去自我判断。

(2) 提升沟通与共情能力。大学生应与恋爱对方坦诚讨论性相关话题，减少误解，降低风险；同时要培养倾听能力，尊重对方的感受和选择。

(四) 强化性安全与性健康意识

大学生应掌握疾病预防知识，同时也应识别并远离性侵害风险。

(五) 构建支持性社会网络

(1) 寻求专业帮助。大学生可以利用学校心理咨询中心资源，处理性困惑和性焦虑等问题。

(2) 与家人建立开放对话。大学生可以尝试与父母或信任的长辈沟通性话题，打破隔阂，获取情感支持；若家庭环境相对保守，可先从分享科普文章或新闻事件切入，逐步建立信任。

(六) 实践自我关怀与成长

(1) 管理性冲动与欲望。大学生可以通过运动、艺术创作、冥想等方式转移注意力，避免过度沉迷性幻想。

(2) 培养长期发展价值观。大学生要将精力投入学业、兴趣爱好或社会服务，提升自我价值感，减少对性的过度关注；设定人生目标(如职业规划、技能学习)，将性心理成熟视为整体人格发展的一部分。

健康的性心理是动态平衡的过程，需要持续自我反思与调整。大学生应记住：性不仅是生理行为，更是情感、伦理与责任的综合体现。通过科学学习、自我探索和积极实践，大学生可以逐步培养成熟、健康的性心理。

活动体验

性心理健康工作坊

一、活动目的

(1) 提升学生对性心理发展阶段特征及其影响因素的理解。

(2) 学习并实践性心理困扰的应对方法，如性教育知识获取、性道德观念建立等。

二、活动准备

常见的性心理困扰场景卡片(如性身份认同困惑、性行为焦虑等)。

三、活动过程

1. 热身游戏：性心理知识接龙

(1) 每组轮流说出一个与性心理相关的知识点或术语，不能重复。

(2) 统计哪组说出的知识点最多。

(3) 讨论在接龙过程中，学到的新的性心理知识。

2. 核心体验：性心理困扰模拟

(1) 每组抽取一张卡片，进行角色扮演并尝试应对性心理困扰。

(2) 每组派代表分享应对过程与结果。

3. 实践演练：性道德观念设定

(1) 每组共同设定一个性道德观念准则(如尊重他人性权利、拒绝不适当的性要求等)，并制订宣传计划。

(2) 分享交流：邀请几组分享性道德观念准则与宣传计划，并总结性道德观念设定的重要性与技巧。

四、活动感悟(学生填写)

(1) _____

(2) _____

(3) _____

五、活动点评(老师填写)

(1) _____

(2) _____

(3) _____

训练与测评

大学生恋爱观测试

下面是 15 个对大学生恋爱观的陈述，请把最符合你情况的选项填在括号里。

(1) 我对爱情的幻想是(   )。

A. 满足自己人生神秘的欲望和需求

B. 令人心花怒放，充满无限欢乐和诗意

C. 实现自己远大理想的阶梯，使人振奋向上

D. 没有想过

(2) 我希望我开始谈恋爱是(   )。

A. 由于一次偶然的相遇结下了一段微妙的姻缘，并彼此追求

B. 由于两个人青梅竹马，情深谊长，最终产生爱情

C. 在工作和学习中产生爱情

D. 无法回答

(3) 我认为爱情是(   )。

A. 男女间的爱

B. 男女间的一种最纯洁的感情

C. 异性间的相互爱慕，渴望对方成为自己伴侣的感情

D. 不清楚

(4) 我希望我的恋人(   )。

A. 待人和蔼可亲，相貌较漂亮，有权有势

B. 有漂亮的容貌，健美的身体，待人接物周到，举止优雅

C. 长相一般，用心体贴自己，为人忠厚老实

D. 无法回答

(5) 我希望我的爱人拥有(   )。

A. 外貌美

B. 姿势、仪表、发式美

C. 心灵美

D. 拒绝回答

(6) 我想象中小家庭的业余时间是这样度过的:(   )。

A. 各人干各人的事，互不干涉

B. 有共同事业，互相商讨，共同进取

C. 虽然自己对某事没兴趣，但还是愿意陪对方消磨时间

D. 不想回答

(7) 我对爱情的字面解释是(　　)。

A. 爱情是男女之间友谊的高级形式

B. 有爱并不一定有情，而有情必定有爱

C. 爱情两字是不能拆开的，他是男女之间的感情

D. 没想过

(8) 我喜欢的爱情格言是(　　)。

A. 爱情，这疯狂的字眼，为了你还有什么不能办到呢

B. 生命诚可贵，爱情价更高。若为自由故，两者皆可抛

C. 痛苦中最高尚、最纯洁的和最无私的乃是爱情的痛苦

D. 都有点喜欢

(9) 恋爱后自己有一位异性朋友时：(　　)。

A. 没有必要告诉对方，这是自己的自由权利

B. 让对方知道，但不允许对方干涉自己

C. 让对方知道，并且在对方同意的情况下才与他交往

D. 不能回答

(10) 我认为幸福的爱情是(　　)。

A. 一切故事和传说中，美好的婚姻都是幸福的

B. 以共同的情操、思想和社会活动为基础

C. 互相尊重对方，包括尊重对方的感情

D. 无法回答

(11) 我认为追求和对待高傲的异性的办法是(　　)。

A. 若无其事，完全做出一些与自己意志相反动作

B. 大献殷勤，做对方要求做的一些事情

C. 自己也变得很高傲

D. 不愿意回答

(12) 我认为(　　)。

A. 人是因为美才可爱

B. 美与可爱是同时产生的

C. 人不是因为美而可爱，而是因为可爱才美丽

D. 没想过

(13) 一旦发现我的恋人变心时：(　　)。

A. 我会把爱转变成恨

B. 无所谓，只当自己看错了人

C. 认为是幸运的，从当中可以吸取教训

D. 不知如何是好

(14) 下面的成语中，我最喜欢的是(　　)。

A. 郎才女貌，鱼水之情

B. 形影不离，心心相印

C. 志同道合，忠贞不渝

D. 不知道

(15) 我对离婚的看法是(　　)。

A. 认为很平常，一旦发现更值得爱的人就抛弃原来的

B. 感到很惊讶，坚信自己的婚姻不会这样

C. 认为离婚很正常，不过离婚者的爱情是不幸的

D. 不知如何回答

一、评分方法

选 A 得 1 分，选 B 得 2 分，选 C 得 3 分，选 D 得 0 分。各题得分相加得出总分。

二、评定标准

总分为 35 分以上，说明恋爱观正确；为 25～35 分说明恋爱观基本正确，有需调整之处；为 25 分以下，说明恋爱观存在问题，应树立健康正确的恋爱观。如果所选答案为 D 的个数在 6 个以上，说明恋爱观还没确定。

知识拓展

失 恋 自 救 术

失恋是一件非常痛苦的事情，失恋的痛苦会侵蚀生活的各个维度。在情感层面上，失恋者会感受到空洞、矛盾和无法抑制的思念；在认知层面上，失恋者会产生自我价值与外在信念的动摇，会怀疑自己不值得被爱，感到生活失去方向；在人际交往上，失恋者会产生与外界的脱节与退缩。失恋自救术能提供一些方法，让失恋者重拾自信和自由。

(一) 六帖维生素，每日定时吞服

1. 维生素 A——行动(Act)

失恋者最怕瘫痪不起，任何自我照顾的行动都是良药：去打球，去跳舞，去山上、海边大叫，去遛狗，去公园晒太阳，去看电影。很多人借助仪式来完成心理的哀悼，比如烧毁昔日信函，此类告别行动颇有疗伤的效果。

2. 维生素 B——转念(Believe)

失恋者最怕钻牛角尖，特别是算旧账，悔不当初，其实于事无补。想想过来人的金玉良言，"得之我幸，不得我命""曾经爱过，又何必拥有""往者已矣，来者可追"……把美好的回忆收藏，用祝福为这段姻缘画句点。

3. 维生素 C——倾吐沟通(Communicate)

失恋者最怕自我退缩、封闭，将自己禁锢在悲伤孤单的城堡中。情绪要有出口，不然会决堤。然而因为怕说了更惹伤心或觉得"心丑不可外扬"，怕别人笑话，干脆封口，殊不知说出来就是一种治疗，能说代表心理上已经可以坦然面对。

4. 维生素 D——转移(Distract)

失恋者最怕陷在泥淖无法自拔，抽离心情的方法很多：离开伤心地去旅行，听音乐，看书，祈祷，或把爱转移，去关怀身边的老人、小孩，去帮助那些需要爱的流浪狗……年轻人最常用上网、看电视、聊天来转移。

5. 维生素 E——撷取意义(Extract)

失恋者最怕僵化思考，完全失去反省或在痛苦中找寻意义的能力。反省不是数落谁的错，而是在失去后客观评估双方的成长、学习，并作为下一段感情的借鉴。

6. 维生素 F——健身(Fitness)

失恋者最怕"虐待自己的身体"，暴饮暴食，甚至借酒消愁。失恋者要想办法锻炼自己，有氧舞蹈、游泳、慢跑可以强化心肺功能；做瑜伽、普拉提可以提升柔软度；举重、仰卧起坐、伏地挺身可以维持肌肉耐力。运动让身体释放内啡肽，加速身心复原。

(二) 四张止痛药膏，痛时使用

失恋的痛无处不在，触景伤情，夜深时昔日光景历历在目，让人苦不堪言。失恋有时会引发身心症，导致胸闷、心口痛、失眠、厌食、注意力不集中等，生活大受影响。失恋者需要拿出些方法为自己减痛。简而言之，要接受恋人关系的终止，承认那已是过去式，然而生命可以继续它的自由丰富之旅。

1. 以开放代替沉溺

失恋者沉溺痛苦，无法自拔，往往因为只看过去，永远都在悔不当初，感慨失去，难免终日丧志。试想一个开车的人不往前看，只执意用后视镜是多么危险的行为！身后美景已是过眼烟云，前窗开放的是未来的新可能。

开放心胸才能止痛，开放三帖如下。

(1) 找回爱自己的力量：每天列出三件自己欣赏的事情，比如仍维持理性的沟通、可以微笑、愿意自省等。

(2) 保持与外界联结：跟别人分享经验，听演讲，读书，参加社团等。

(3) 用美的事物洗涤心灵：大自然、音乐、诗词，都是疗伤良药。"挥一挥衣袖，不带走一片云彩"，爱的路上，潇洒走一回。

2. 以得胜代替受害

失恋者常以受害者自居，有时以受苦作为自我惩罚，有时以苦肉计惩罚对方，或企图挽回，其实失恋并非真正的问题，我们如何面对和回应失恋才是考验。有些人受害上瘾，自怜自艾，开口闭口都是别人负他，表现悲情无济于事，反倒只会削弱自己的力量。这样的心态对自己伤害更大，不得不警惕。

跨出受害角色，要重建认知，三帖如下。

(1) 失恋并非失败。恋爱在于两情相悦，回顾恋爱中的点滴，彼此都是成人，各自有该负的责任，结束关系是双方互动的结果，双方都有责任学习和平分手，甚至快乐分手，过程虽痛，但仍可双赢。

(2) 失恋调适，要建立"正向分离"的观念。分手除了充满焦虑、痛苦、害怕、悔恨、不舍，它也可以是坦然、有准备、彼此祝福和感恩的。

(3) 看到更独立的自己。分手虽痛苦，却是一个可以自主、再学习的过程，列出计划和时间表，战胜失恋的打击，自己能在情绪及生活上更独立。

3. 以表达代替爆发

失恋者要保持冷静和理性的沟通与自我表达，一旦落入非理性思考和冲动，或失去自我控制，心存挑衅，用暴力采取报复行动，很容易铸成大错，后悔莫及。表达有各种形式，瑞士知名创伤心理治疗专家、国际心理治疗联盟理事长施民德医师提供了一个良方：每天给自己 20 分钟书写负面情绪，比如愤怒、悲伤、自责、孤单等，毫不保留地写下，然后找一个盒子放置。这在心理上有其意义，因为失恋时，人很容易情绪泛滥，所以用这方法等同在时间(20 分钟)和空间(盒子)上都设限，完成后就当成今日功课已完成，试着放下。

4. 以尊重和反省代替压抑和怨恨

失恋的经历让我们有机会重新评估自己的核心价值，尊重彼此的过去，尊重自己当初的选择，反省亲密关系中的不足，虚心受教，早日走出失恋泥潭。反之，有些较不成熟的年轻人，亲密关系中过度依赖，失去自我，恋人离去后仿佛也失去了自己的完整性，退化到失去功能的状态，或无法化解内心的怨恨，压抑郁积，让生活出现危机。

大学生性心理的发展与健康防护工具页

项目 7　危机干预与生命教育

　　青春航程并非总是坦途，心灵的暗礁与风暴也可能不期而至。本项目聚焦危机干预与生命教育，旨在为大学生在穿越迷茫时指明方向。本项目探讨识别危机、寻求帮助的途径，引导大学生更深入地思考生命的价值、韧性与意义。愿知识化为力量，帮助大学生守护自己与他人的生命之光，在风雨后重拾对未来的坚定与希望——生命，值得最高的尊重与最深的关怀。

任务 7.1　心理危机的识别与干预

成长案例

小陈是高职大三学生，专升本考试失利后情绪持续低落，近期又因与女朋友分手而陷入自责。他频繁在社交平台发布"活着好累""一切该结束了"等动态，还连续旷课两周，把自己闷在宿舍里。室友发现他桌上堆满未拆封的抗抑郁药物。有一天夜里，室友听到他在阳台哭泣并反复提到"活着好难"。

思考：

(1) 小陈的行为中哪些属于心理危机的预警信号？

(2) 如果你是室友，你会采取哪些行动帮助小陈？

心理知识

一、心理危机

(一) 心理危机的概念

心理危机是指个体在遭遇突发或重大事件时，原有的应对方式和心理平衡状态被打破，无法在短期内通过自身能力或常规资源有效解决问题，陷入的一种暂时性心理失衡状态。

心理危机的核心特征包括：

(1) 触发事件具有突发性或强烈冲击性，以个体常规经验无法应对；

(2) 个体主观感受到强烈的痛苦、无助或失控感；

(3) 伴随认知、情绪、行为等多方面的功能紊乱，如注意力涣散、情绪崩溃、行为冲动等；

(4) 若不及时干预，可能导致心理创伤加剧、社会功能受损，甚至引发自伤、自杀等极端行为。

(二) 大学生常见的心理危机类型

1. 神经病

神经病是神经系统发生的器质性病变，具体表现因病变部位和性质不同而有所差异。根据病变部位，神经病可分为以下几种：

(1) 中枢神经系统病变：可能出现肢体麻木、无力、瘫痪，言语不清，吞咽困难，记忆力减退，反应迟钝，甚至意识障碍、癫痫发作等；

(2) 周围神经系统病变：表现为面部剧烈疼痛，呈电击样、刀割样或撕裂样，突发突止，疼痛发作时患者常不敢洗脸、刷牙和进食；

(3) 肌肉病变：主要表现为部分或全身骨骼、肌肉无力和极易疲劳，活动后症状加重，休息后减轻，如眼睑下垂、复视、吞咽困难、四肢无力等。

2. 神经症

神经症是非器质性的，以焦虑、抑郁、强迫等症状为主要表现的轻型精神障碍。患者往往能保持对现实的检验能力，知晓自身症状的异常并深感痛苦，社会功能虽受影响但未完全丧失。

表 7-1 为不同类型神经症的具体表现、成因及干预手段。

表 7-1　不同类型神经症

神经症类型	具 体 表 现	产 生 原 因	可用治疗方式
焦虑症	持续紧张不安、提心吊胆，伴有心悸、出汗、手抖等自主神经症状，坐立难安，注意力难以集中	(1) 遗传因素与环境压力交互作用； (2) 敏感、追求完美的人格特质； (3) 对未来的灾难化认知	认知行为疗法、抗焦虑药物、放松训练
强迫症	反复出现强迫观念和强迫行为，无法自控且深感痛苦	(1) 幼年严格教养模式； (2) 追求绝对完美的人格特质	暴露与反应预防疗法、药物治疗
恐惧症	对特定对象(如社交场合、高处)产生非理性恐惧，伴随回避行为，影响正常生活	(1) 创伤性事件； (2) 胆小羞怯的人格基础	系统脱敏疗法、认知疗法，短期可使用抗焦虑药物缓解急性症状
神经衰弱	精神易兴奋又易疲劳，注意力不集中，记忆力下降，伴失眠、头痛	(1) 长期精神紧张(如学业压力)； (2) 生活不规律； (3) 内向、好胜心强的人格特质	认知疗法、放松训练，短期使用镇静药物改善睡眠
疑病症	坚信自己患严重躯体疾病，反复就医，无视检查结果和医生解释，内心痛苦	(1) 对健康过度关注的人格特质； (2) 曾有躯体疾病经历引发恐惧； (3) 长期心理压力	认知行为疗法、支持性心理治疗
抑郁症	情绪低落、兴趣减退，但社会功能未完全丧失，伴有失眠、食欲下降、疲劳感	(1) 生活挫折(如失恋、学业失利)； (2) 悲观消极的人格特质； (3) 人际关系紧张	认知行为疗法、人际关系治疗、轻度抗抑郁药物

3. 精神病

精神病是严重的精神障碍，以认知、情感、意志行为的显著异常为特征，主要包括以下几类：

(1) 精神分裂症：常见表现为幻觉混乱(如幻听、幻视)、妄想(如被害妄想、关系妄想)、思维散漫、言语杂乱无章、无法正常交流、情感淡漠或不协调(对亲人漠不关心，或在悲伤场合大笑)、行为怪异(如无故自语、冲动毁物、生活懒散)。

(2) 躁狂症：主要表现为情绪高涨，兴奋话多，思维奔逸(联想速度加快、话题随境转移)，精力旺盛，活动增多(如彻夜不眠仍觉精力充沛，频繁参与各种活动却难以善始善终)，自我评价过高，易冲动、挥霍财物。

(3) 抑郁症：属重度精神病症，表现为情绪极度低落、悲观绝望，兴趣完全丧失，思维迟缓，自责自罪(认为自己罪大恶极，甚至出现幻觉妄想)，甚至出现自杀念头或行为，伴随严重睡眠障碍、食欲极差等。

二、心理危机的成因

心理危机并非单一因素作用的结果，而是个体内部因素与外部环境因素相互交织、共同作用的产物。对于大学生群体而言，其心理危机的成因可从以下四个维度综合分析。

(一) 个体心理因素

(1) 人格特质基础。具有敏感、冲动、偏执、自卑、完美主义等人格特质的学生，对负面事件的耐受度更低，易因小事引发强烈的心理失衡。例如，完美主义者在遭遇学业挫折时，更易产生"我彻底失败了"的极端认知，进而陷入心理危机。

(2) 认知模式偏差。持有绝对化、灾难化等不合理认知模式的学生，在面对压力时易放大负面情绪，难以理性应对。

(3) 心理韧性不足。成长过程中缺乏挫折体验或未形成有效应对策略的学生，在遇到重大事件时易因感到无力而陷入绝望。

(二) 生物遗传因素

(1) 神经生物学基础。大脑神经递质功能异常与情绪调节障碍密切相关，研究表明，家族中有抑郁症、焦虑症等精神疾病史的学生，出现心理危机的概率显著高于普通群体。

(2) 生理健康状态。长期患有慢性疾病、睡眠障碍或处于疲劳状态的学生，容易因躯体不适引发情绪低落，降低对压力的耐受度。如长期失眠可能加剧焦虑情绪，形成"生理不适—心理焦虑"的恶性循环。

(三) 社会环境因素

(1) 学业与就业压力。高校扩招、竞争加剧导致的学业负担和就业内卷，使学生长期处于高压状态，易因目标未达成而产生自我否定。

(2) 人际关系冲突。宿舍矛盾、恋爱受挫、社交孤立等问题，会破坏学生的社会支持系统，进而诱发心理危机。

(3) 突发公共事件。自然灾害、公共卫生事件等重大社会事件，因打破了正常生活秩序，会引发不确定性恐惧，对学生心理造成冲击。

(四) 家庭环境因素

(1) 不良教养方式。专制型、忽视型、溺爱型等不良教养模式，易导致学生形成低自尊、缺失安全感的人格，在遇到挫折时更易陷入心理危机。

(2) 家庭关系失衡。父母争吵、离异、家庭暴力等冲突型家庭环境，会使学生长期处于紧张和恐惧中，进而形成敏感、焦虑的情绪特质。如父母频繁争吵的学生在面临人际冲突时，更易产生极端应激反应。

(3) 重大家庭变故。亲人离世、经济破产等家庭变故，若未得到及时支持，可成为心理危机的直接导火索。如突遭家庭变故的学生可能因"无力承担责任"而产生绝望感。

三、心理危机的应对

应对心理危机需要个体从自我觉察入手，把握危机发展的不同阶段并采取针对性的自救措施，同时在必要时借助专业力量，通过科学的心理咨询获得更有效的干预。以下详细阐述及时发觉心理危机的具体方法，以及积极寻求专业帮助时可采用的心理咨询手段。

(一) 及时发觉心理危机

及时发觉是有效应对心理危机的前提。心理危机的发展通常经历四个阶段，不同阶段有不同表现，对应的自我救助方法也有所侧重。

1. 冲击阶段

冲击阶段为危机事件发生后的数小时到数天内，个体主要表现为震惊、恐慌、不知所措，可能出现意识模糊、注意力无法集中等现象，甚至会短暂否认现实。

在冲击阶段，个体的自我救助方法为：首先确保自身安全，远离危险环境；通过深呼吸、听舒缓音乐等方式平复生理紧张；允许自己短暂表达情绪(如哭泣、倾诉)，避免强行压抑；简单记录事件发生的经过和当下的感受，帮助理清思路。

2. 防御阶段

在防御阶段，个体逐渐意识到心理危机的存在，开始调动心理防御机制来应对，可能出现否认、回避、合理化等行为，情绪上可能表现为易怒、焦虑或麻木。

防御阶段的自我救助方法为：尝试识别自己的防御行为，并告诉自己回避不能解决问题；通过写日记梳理情绪背后的真实想法，避免被表面情绪主导；适当进行轻度运动，释放压抑情绪。

3. 解决阶段

在解决阶段，个体开始接受心理危机的现实，主动寻求解决问题的方法，情绪逐渐趋于稳定，但可能因尝试解决问题时遇到困难而产生反复的焦虑或沮丧，会积极向他人求助或查阅资料寻找应对策略。

解决阶段个体进行自我救助时，要将危机事件拆解为具体的小问题，逐一制订可行的应对计划，通过小目标的达成积累掌控感；同时可以向自己信任的人倾诉困难，获取实际建议而非单纯的情感安慰；学习简单的放松技巧，缓解解决问题过程中的紧张情绪。

4. 成长或衰退阶段

若危机得到有效解决，个体心理状态可以恢复平衡，甚至能够在应对过程中获得成长，即进入成长阶段；若危机未得到妥善处理，则可能进入衰退阶段，个体表现为持续的情绪低落、社会功能受损，甚至出现自伤、自杀等极端想法或行为。

若处于成长阶段，个体可总结此次应对危机的经验，提炼出适合自己的情绪调节方法和问题解决方法，为未来应对类似情况积累经验；若处于衰退阶段，需警惕"情况会自动好转"的侥幸心理，立即停止独自承受，主动向专业人员求助，同时避免独处，让亲友陪伴在侧。

(二) 积极寻求专业帮助

当自我救助效果有限或心理危机程度较严重时，积极寻求专业的心理咨询是关键。心理咨询师会根据个体情况采用不同的方法。常见的心理治疗派系有以下几种。

1. 精神分析流派

精神分析流派认为心理危机源于潜意识中的冲突和早年经历的创伤，核心是通过探索潜意识来促进人格改变。精神分析流派的主要治疗方法包括：

(1) 自由联想。该方法是让来访者在放松状态下自由表达任何浮现的想法、记忆或感受，咨询师不打断、不评判，通过分析内容中的隐藏线索，挖掘潜意识中的冲突。

(2) 释梦。精神分析流派将梦视为"潜意识的密码"，使用该方法时咨询师引导来访者回忆梦境细节，结合其生活经历解读象征意义，如梦见"被追赶却跑不动"可能与现实中逃避某个问题有关。

(3) 移情与反移情分析。当来访者将对父母、伴侣等重要人物的情感转移到咨询师身上时，即出现了"移情"；而咨询师对来访者产生强烈情感反应，称为"反移情"。咨询师通过反馈这些情感模式，帮助来访者觉察并修复早年形成的不良人际关系模式。

2. 行为主义流派

行为主义流派聚焦可观察的行为，通过改变环境刺激和行为后果来调整问题行为。常用的治疗方法包括：

(1) 系统脱敏疗法。该疗法主要用于治疗恐惧症和焦虑症。其实施步骤为：首先，咨询师指导来访者掌握放松技巧；随后，共同建立焦虑等级表，如针对社交恐惧，可从"想象与人对视"到"当众演讲"逐步递进；最后，让来访者在放松状态下依次接触等级表中的情境，直至焦虑反应逐渐消退。

(2) 厌恶疗法。该疗法主要用于矫正酗酒、吸烟等成瘾行为或强迫行为，将目标行为与厌恶刺激配对，如酒后注射引起恶心的药物，通过条件反射让个体对目标行为产生排斥。需要注意的是，厌恶疗法过程中须严格遵循伦理规范。

(3) 阳性强化疗法。该疗法需要先明确目标行为，如抑郁症患者每天出门散步，当行为出现时立即给予奖励，如喜欢的食物、表扬，通过强化使行为频率增加，逐步改善退缩、被动等问题。

3. 认知行为流派

认知行为流派认为情绪困扰源于不合理认知，通过认知重构可实现情绪和行为改变。

咨询师引导来访者识别负面想法，用事实证据检验其合理性，最终用灵活、理性的认知替代不合理认知。该流派疗法适用于焦虑、抑郁、强迫等多种问题。

4. 人本主义流派

人本主义流派以来访者为中心，强调创造安全、接纳的咨询关系。咨询师通过共情(如我能理解你此刻的痛苦)、真诚(不伪装、不评判)、无条件积极关注(接纳来访者的全部，无论优点或缺点)，激活个体内在的成长动力，帮助其探索自我价值，澄清人生目标。该流派疗法适合处理自我认同困惑、人际关系冲突等问题。

5. 格式塔学派

格式塔学派关注个体此时此地的体验，强调心理问题源于未完成事件，通过空椅子技术、角色扮演技术等，帮助个体整合分裂的自我，实现心理完形。

活动体验

空椅子技术练习

一、活动目的

(1) 直面自己未表达的情绪，释放压抑的心理能量，缓解内心冲突。

(2) 通过角色扮演与自我对话，觉察认知偏差，促进自我接纳与和解。

二、活动准备

两把相对放置的空椅子。其中，一把椅子代表练习者自身，另一把代表危机中与练习者相关的人(如引发冲突的室友、让练习者失望的自己，甚至是危机事件本身)。

三、活动过程

1. 活动介绍

空椅子技术是一种通过与想象中的对象对话，处理未完成事件的技术，可以用于探索心理危机中未说出口的话和未解决的情绪。空椅子技术的核心是"让未完成的情绪流动起来"，这在心理危机中能有效减少内耗。

2. 引导回忆

练习者回想一个让自己陷入情绪困扰的事件，明确当时没说出口的话或未表达的情绪，不需要分享细节，只需在心中确定对话对象。

3. 练习

1) 与他人对话

(1) 练习者坐在一把椅子上，想象对面椅子上坐着事件中的关键人物，看着空椅子说出当时未表达的内容。

(2) 说完后换到对面椅子，扮演对方，以他的视角进行回应。

(3) 反复切换角色，直到双方的对话逐渐平和，情绪得到释放。

2) 与自己对话

(1) 回到自己的椅子上，想象对面坐着危机中的自己，说出对他的看法，如"你总是因为一次失败就否定自己，我知道你很难受，但我想告诉你这不是你的错""我理解你选择逃避是怕受伤，但现在我想陪你面对"。

(2) 换到对面椅子上，扮演危机中的自己并进行回应，如"我其实很怕被指责，所以才不敢面对""谢谢你没有放弃我"。

3) 分享总结

练习者自愿分享练习中的感受。

四、活动感悟(学生填写)

(1) _____

(2) _____

(3) _____

五、活动点评(老师填写)

(1) _____

(2) _____

(3) _____

> **训练与测评**

心理危机"应对工具箱"的搭建与应用

心理危机"应对工具箱"通过对真实情境的模拟，让学生运用化解心理危机的方法，以提升方法应用的能力，增强应对信心；同时将课堂知识转化为个性化、可操作的危机应对策略。心理危机"应对工具箱"的搭建与应用的流程如下。

1. 绘制"危机信号地图"

回顾近半年情绪困扰场景，记录危机前的身体、情绪、行为信号，用思维导图方式整合，标注易忽视的"早期预警信号"。

2. 搭建"应对工具箱"

按不同心理危机程度，匹配应对策略，如轻度心理危机可通过跑步、听音乐等方法进行干预；中度心理危机可用认知行为疗法反驳负面想法、制订分步解决计划等干预；重度心理危机需要进行心理咨询。

3. 情境模拟演练

与同学搭档，选取场景进行模拟，如：期末复习滞后，产生对于挂科的恐慌；与室友争吵后孤立无援等。一人扮演"危机中的自己"，按"识别危机信号—选策略—实施应对"流程演练，另一人观察并反馈效果与优化点。

4. 总结与调整

根据演练效果调整"危机信号地图"和"应对工具箱"内容，并进行反思与分享，以完善"应对工具箱"。

《蛤蟆先生去看心理医生》

　　《蛤蟆先生去看心理医生》是由英国心理学家罗伯特·戴博德创作的心理学通俗读物。书中以经典童话《柳林风声》里的角色为原型，讲述了原本活泼开朗的蛤蟆先生突然陷入情绪低谷，变得萎靡不振、对生活失去兴趣。在朋友的建议下，他走进心理咨询室，与心理咨询师苍鹭展开了十次咨询，最终逐渐走出心理困境、重拾生活信心的故事。

　　全书用童话叙事方式解读了心理危机的表现与咨询的概念，还原了咨询全过程，完整地呈现了从建立信任到实现改变的咨询流程，消除了大众对心理咨询的陌生感与抵触心理，让读者了解专业帮助的价值；通过蛤蟆先生从低谷到重生的转变，印证心理危机可转化为成长契机，为困境中的读者注入改变的信心与力量。

　　书中表达情绪、挑战自我批评等方法，实用性很强，可直接用于日常情绪调节，与课堂所学的自我觉察、认知重构技巧相呼应。

心理危机识别与干预工具页

任务 7.2　生命意义的探索

成长案例

小李是一名大二学生，他自幼患有先天性疾病，多次手术仍留下后遗症。进入大学后，他因身体不便难以参与集体活动，逐渐觉得自己"是家人的负担""活着没有价值"。近期在日记中写道："看到别人奔跑的样子，突然觉得我的生命就像枯萎的花，不如早点凋零。"室友发现他情绪低迷，且拒绝参加任何曾经感兴趣的社团活动。

思考：

(1) 小李的言行中哪些属于生命困境的预警信号？

(2) 如果你是室友，如何帮助他重新探索生命意义？

心理知识

一、生命教育

(一) 生命教育的概念

生命教育是一种以生命为核心，通过认知、体验与实践，帮助个体理解生命本质、尊重生命价值、应对生命困境、建构生命意义的教育活动。

生命教育的最终目标，是让个体能从容面对生命历程中的各类挑战，从而精准识别现实中的生命困境。

大学生处于从校园到社会的过渡阶段，其生命困境呈现出独特的阶段性特征。若无法明确这些困境的具体形态，生命教育便容易陷入"泛泛而谈"的状态，难以触及学生真实需求。因此，梳理大学生生命困境的常见类型，既能够让教育者把握问题靶心，更能帮助学生对照自身状态，实现"困境识别—主动求助—积极应对"的良性循环，为后续针对性教育实践奠定基础。

(二) 大学生生命困境的常见类型

1. 意义感的迷失与虚无

意义感的迷失与虚无的核心表现为对"生命为何存在"的深度迷茫，常伴随目标感崩塌与存在焦虑。具体特征包括：

(1) 兴趣丧失。对学业、社交、兴趣等活动失去热情，觉得"做什么都没有意义"，出现"躺平""摆烂"等被动行为模式，如逃课、拒绝参与任何集体活动。

(2) 认知偏差。持有"人生本质是无意义的重复""努力与否最终结果都一样"等消极观念，找不到人生意义，如出现"毕业后找工作、结婚、养老，这样的人生有什么意思"

等想法。

(3) 空虚状态。长期被空虚感、麻木感笼罩，偶尔因"找不到意义"而突发情绪崩溃，却说不清具体原因。

2. 对自我生命的贬低与排斥

对自我生命的贬低与排斥是指因自身缺陷、失败经历或外界评价，形成"我的生命没有价值"的核心认知。具体表现为：

(1) 自我否定。将某方面不足泛化为"整个人生无价值"，如"我长得不好看、成绩差，活着就是浪费资源"。

(2) 归因偏差。将挫折完全归咎于"自身生命的劣质"，而非具体事件或环境因素，如考试失败后认为"我天生就不配成功，活着只会给别人添麻烦"。

(3) 行为倾向。刻意回避展示自我，拒绝接受他人善意，甚至出现自暴自弃的行为，以此印证自身无价值。

3. 对生死的极端化解读

对生死的极端化解读是指因缺乏科学的生死教育，对生命有限性产生扭曲认知，主要分为两类：

(1) 死亡恐惧型。过度害怕死亡及与死亡相关的一切，导致生活被恐惧绑架，如不敢体检、不敢谈论亲人离世，甚至因"终有一天会死去"而觉得"现在的努力毫无意义"。

(2) 死亡美化型。将死亡视为解决痛苦的终极方案，认为死亡能摆脱所有烦恼，如遭遇失恋、挂科等挫折后产生轻生的想法。

4. 联结断裂后的孤独与隔绝

联结断裂后的孤独与隔绝是指因重要人际关系的破裂或缺失，丧失被需要和被爱的生命联结感。具体特征包括：

(1) 人际疏离。主动切断社交联系，认为没有人真正在乎自己，如拒绝回复消息，躲避熟人，独自吃饭、上课成为常态。

(2) 情感剥夺。回忆中充满被忽视、被抛弃的经历，形成"我不配被爱"的核心观念，如觉得"父母从来没夸过我，朋友也会离开我，我的生命就像孤岛"。

(3) 意义转移失效。无法从关系中获得价值感，进而否定生命整体意义，如出现"以前为了让父母骄傲而努力，现在发现他们根本不在乎，我有什么用"等想法。

5. 挫折后的生命停滞与退缩

挫折后的生命停滞与退缩是指重大挫折超出心理承受范围，导致生命发展陷入停滞，失去向前走的动力。具体表现为：

(1) 创伤固着。反复陷入对挫折事件的负面回忆中，认为"我的人生从那一刻就毁掉了"，如因车祸致残后拒绝康复训练，觉得"再也无法像正常人一样生活，不如放弃"。

(2) 发展阻断。放弃对未来的规划，拒绝任何可能带来改变的机会，如专升本失败后觉得人生没有希望了，拒绝找工作。

(3) 对比失衡。将自己的生命状态与他人对比后产生强烈落差，认为"别人的人生都在前进，只有自己停滞在原地"，进而强化"生命无希望"的认知。

二、生命困境的成因

(一) 个体认知因素

(1) 意义建构能力不足。意义建构能力不足表现为缺乏对生命意义的主动探索，将意义寄托于外部标准，如成绩或他人的认可，而一旦外部目标落空，便陷入意义真空，觉得人生失去方向。

(2) 认知偏差固化。认知偏差固化主要体现在绝对化思维与不合理归因上。绝对化思维认为生命必须完美无缺，无法接纳疾病、失败等不完美；而不合理归因容易将挫折归因为生命本质的缺陷而非具体事件，如将专升本考试失利等同于我天生不配成功。

(3) 生死认知狭隘。生死认知狭隘表现为成长过程中回避生死话题，对死亡缺乏科学的认知，要么过度恐惧，要么简单解读。

(二) 环境压力因素

(1) 社会价值单一化挤压。目前，大学生受"成功学""内卷"等文化影响，社会评价过度聚焦成就指标，导致平凡个体易产生"我的生命不够有价值"的落差感。

(2) 人际关系支持弱化。如今，大学生虚拟社交盛行，一定程度上替代了现实世界的深度联结，而线上互动碎片化，缺乏真实情感共鸣，易引发"无人懂我"的孤独感。

(3) 竞争关系侵蚀互助意识。校园中盛行的"内卷"氛围导致同学间隐性对抗，削弱生命共同体的感知，出现例如室友间暗中较劲，遇到困难时无人倾诉等现象。

(4) 突发创伤事件冲击。重大变故会打破个体对生命安全的基本信任，若未及时疏导，易形成"生命脆弱且残酷"的消极认知。如经历校园霸凌的学生，可能因觉得"世界充满恶意"而质疑生命存续的意义。

(三) 成长经历因素

(1) 家庭教养模式不良。不良的家庭教养模式会对个体造成严重影响。忽视型教养模式下父母对孩子缺乏情感回应，使孩子自幼未建立"我值得被爱"的核心信念，导致成年后的不配得感；控制型教养模式下父母以"为你好"替代孩子的自主选择，导致个体失去对生命的掌控感，如一些被强迫选专业的学生，会觉得"人生不是自己的"。

(2) 挫折应对经验匮乏。个体在成长过程中如被过度保护，会缺乏独立应对困境的体验，在首次遭遇重大挫折时，易因"无力感"放大对生命的绝望。

三、生命教育的实践路径

(一) 个体层面：构建内在生命意义系统

1. 生命价值具象化练习

大学生可以通过梳理具体经历、品质与被需要的瞬间，将抽象的生命价值转化为可感知的事实，打破"我毫无价值"的消极认知；也可制作"生命资产清单"，记录克服的困难、自身品质、被他人需要的时刻；还可以从成长、联结、贡献等维度选出几个核心价值，制订周计划。

2. 创伤叙事重构法

创伤叙事重构法通过结构化书写，将碎片化的创伤记忆转化为完整叙事，从痛苦中提炼成长意义，避免被受害者思维困住。该方法对挫折进行"三维书写"：事实层，即具体的挫折事件；感受层，即经历挫折事件时的感受；意义层，即重新建构挫折事件对自己的意义，将"我被摧毁了"重构为"我经历过并学会了"。

3. 微意义实践

大学生可以通过捕捉日常小美好、践行微小善举，积累"活着有意义"的即时体验，破解"意义必须宏大"的认知误区，如每日记录觉得美好的小事，每周做几次好事，在细微联结中感受生命的实在感。

(二) 人际层面：建立生命联结支持网络

1. 互助式价值确认

互助式价值确认方法通过同伴间基于事实的正向反馈，打破个体自我价值否定的思维闭环，用具体证据替代抽象否定，帮助每个人看见自身被忽视的价值，强化"我值得被珍视"的认知。

具体操作为：

(1) 自由组建4～6人的价值确认小组，每周开展一次活动，每个人轮流担任分享者与反馈者；

(2) 分享者需坦诚说出近期的自我否定想法，反馈者需结合过往具体事例反驳，注意不要说"你想多了""别自卑"等空泛安慰；

(3) 分享者记录所有反馈，每周回顾并补充，如本周为他人和团队创造的一个小价值，逐步构建"我有价值"的证据链。

2. 共情能力培育

共情能力是指站在他人视角理解其情绪、想法与处境的能力。共情既包括感知他人痛苦的情感共情，也包括理性理解困境成因的认知共情。共情能力是避免否定他人感受、用自己的标准评判他人的关键，也是建立真诚生命联结的基础。唯有真正理解，才能给予不伤害的支持。

共情能力培育可以通过沉浸式体验与深度对话来实现，帮助个体跳出自我中心视角，理解不同生命形态的独特困境与感受，避免用比较和评判伤害他人，建立"每个生命的痛苦都值得被看见"的共识。

共情能力培育的具体操作如下：

(1) 场景模拟。选取典型生命困境场景，如因身体缺陷被嘲笑后感到自卑，两人一组分别扮演困境者与回应者，完成互动交谈。

(2) 角色互换与反馈。双方交换角色重复场景，结束后用"我注意到你说_____时，我感受到_____"的句式反馈彼此的情绪互动，重点讨论"哪些回应让你觉得被理解""哪些让你觉得被否定"等。

(3) 技巧提炼。提炼总结共情表达公式。其中，"描述事实—反馈情绪—开放邀请"的形式最容易让对方感受到温暖，在人际交往中应多多实践。

(三) 社群层面：营造生命关怀生态

1. 创建服务式生命体验

通过参与真实服务场景，个体能在付出中直观感受微小行动对他人生命的影响，理解生命意义；通过人际联结建构，个体能强化生命共生的意识。大学生可以定期前往福利院开展助童活动、协助残障同学完成实训课程操作等，并讨论服务中哪些瞬间让你觉得自己的存在有温度，总结活动心得，获得助人体验，提升生命价值感。

2. 构建阶梯式支持资源体系

构建"预防—识别—干预"三级支持网络，整合专业力量与学生自治组织，能够确保生命困境能被及时发现并得到科学回应，降低危机风险。

对于大学生而言，预防端可通过学习如何与处于困境的朋友交流等基础技巧实现；识别端可通过学习识别高危信号，并通过专用渠道上报实现；干预端可通过心理咨询中心、精神卫生机构建立的绿色转介通道，接受"评估—咨询—随访"全流程支持等渠道实现。

活动体验

生 命 拼 图

一、活动目的

(1) 从生命历程中挖掘积极资源，理解"每个经历都在塑造独特的生命"。
(2) 通过协作，体会生命与他人的联结意义，增强归属感。

二、活动准备

便笺纸、A4 纸和笔。

三、活动过程

(1) 每人领取 5 张便笺纸，分别写下：生命中最感恩的一个人、克服过的一次困难、感到最幸福的一个瞬间、未来想完成的一件事、形容自己生命的一个词。
(2) 将便笺纸贴在 A4 纸上，形成个人"生命碎片图"。
(3) 6 人一组，每人轮流解读自己的"生命碎片图"，其他人认真倾听并记录共鸣点。
(4) 小组合作将所有成员的便笺纸重新组合，拼贴成一幅"集体生命拼图"，并为拼图命名。
(5) 组内讨论：哪些碎片让你发现了彼此的相似性？拼图过程中你对生命有何新认识？
(6) 分享总结：每组派代表展示"集体生命拼图"并解释含义。

四、活动感悟(学生填写)

(1) _____
(2) _____

(3)＿＿＿＿＿＿＿＿＿＿＿＿＿＿＿＿＿＿＿＿＿＿＿＿＿＿＿＿＿＿＿＿

五、活动点评(老师填写)

(1)＿＿＿＿＿＿＿＿＿＿＿＿＿＿＿＿＿＿＿＿＿＿＿＿＿＿＿＿＿＿＿＿

(2)＿＿＿＿＿＿＿＿＿＿＿＿＿＿＿＿＿＿＿＿＿＿＿＿＿＿＿＿＿＿＿＿

(3)＿＿＿＿＿＿＿＿＿＿＿＿＿＿＿＿＿＿＿＿＿＿＿＿＿＿＿＿＿＿＿＿

训练与测评

大学生生命意义感受与思考调查

表 7-2 为大学生生命意义调查问卷，旨在了解当前大学生对生命意义的感受与思考，帮助心理健康教育更好地开展。

仔细阅读每个陈述项目，选择最符合你近半年实际情况的选项。其中，1 表示非常不符合，2 表示不符合，3 表示不确定，4 表示符合，5 表示非常符合。答案无对错之分，请根据真实感受作答。

表 7-2　大学生生命意义调查问卷

项　目	选　项				
(1) 我清楚自己生命中最重要的事情是什么	1	2	3	4	5
(2) 我正在追寻一些能让我感到生活有价值的目标	1	2	3	4	5
(3) 总的来说，我觉得我的生活是有意义、有方向的	1	2	3	4	5
(4) 我经常思考"我为什么活着"或"生命的意义是什么"这类问题	1	2	3	4	5
(5) 我感到自己的生活目标与我所珍视的价值观是一致的	1	2	3	4	5
(6) 我能在日常的学习、工作或爱好中找到满足感和意义感	1	2	3	4	5
(7) 我觉得自己对他人或社会有所贡献	1	2	3	4	5
(8) 即使遇到挫折，我仍然能找到继续前进的理由	1	2	3	4	5
(9) 我对未来有积极的期待和规划	1	2	3	4	5
(10) 我通过与他人(家人、朋友、社群等)的联结感受到生命的意义	1	2	3	4	5
(11) 我有时会感到生活空虚或缺乏目标感	1	2	3	4	5

一、评分方法

项目(1)～(10)直接考查正向生命意义感受状况，计分时选项即代表分数(1～5 分)；

项目(10)为反向项目，计分时需反转分数，即选项 1～5 分别为 5～1 分。所有题目分数相加即为总分。

二、评定标准

总分 10～30 分为低分，说明生命意义存在感弱；31～40 分为中间分数，说明意义存在感中等；41～50 分为高分，说明意义存在感强。

此外，还可结合题目关键内容，识别薄弱环节：项目(1)、(5)、(9)分低，表示目标或价值观不清晰，需进行价值观澄清练习；项目(6)、(8)分低，表明日常活动或抗挫折能力弱，建议培养兴趣爱好或进行韧性训练；项目(7)、(11)分低，表明社会贡献或联结感不足，建议参加团体活动或志愿服务；项目(10)分低，表明空虚感强，需心理支持。

知识拓展

让生命教育成为职业发展的"定盘星"

生命教育对职业发展的价值，如同航船的"定盘星"——它虽不为职业路径设定标准答案，却能在选择迷茫时锚定价值方向，在挫折波动时提供稳定内核，让职业长跑始终与生命意义同频。总的来说，生命教育对于职业发展的价值在于：

(1) 校准职业选择的价值坐标。生命教育帮助学生跨越薪资、地位等表层标准，找到与自身生命价值契合的职业方向。东晋陶渊明看透官场束缚本性，毅然辞官归隐，以"采菊东篱下"的生活践行顺应本心的生命追求，其作品至今滋养着对精神自由有追求的人。这告诉我们，当职业选择与真诚、创造等核心价值匹配时，即便平凡也能获得持久满足，避免"高薪却度日如年"的职业空心化。

(2) 增强职业挫折的复原韧性。职场困境中，生命教育培育的"挫折即成长"认知，能转化为破局的韧性。苏轼一生仕途坎坷，屡遭贬谪却始终以"一蓑烟雨任平生"的豁达心态来面对，在不同岗位上皆留下利民实绩。这种将职业挫折视为生命体验丰富性的智慧，正是当代大学生应对晋升失败、行业动荡的重要支撑。大学生不要将单次挫折等同于"职业死刑"，而要从中萃取经验，调整方向再出发。

(3) 构建可持续的职业生态观。生命教育中的共生理念，引导学生在职业中平衡自我实现与社会价值之间的矛盾。明代李时珍历时 27 年编撰《本草纲目》，足迹遍布山林，既完成了个人学术理想，更以药典挽救了无数生命，实现了职业价值的最大化。职业发展不应是孤军奋战，而需兼顾协作、社会责任与自我健康，只有这样方能形成"个人成长—他人受益—社会进步"的良性循环。

生命意义探索工具页

项目 8　家庭互动模式与代际传递突破

　　家，是我们生命的起点，塑造了最初的我。然而，成长，特别是大学阶段的独立探索，常伴随着与原生家庭的碰撞。代际差异带来理解鸿沟，爱也可能成为束缚。本项目旨在引导大学生正视家庭关系的复杂性与影响力，理解父母一辈的成长烙印，觉察家庭互动模式。这并非为了评判对错，而是为了在理解中重塑更健康的边界与连接，汲取根的滋养；同时助力大学生勇敢伸展翅膀，实现代际传递突破，迎来共同成长。

任务 8.1　家庭互动模式解析

成长案例

小周是大一学生，近期因家庭互动问题感到困扰。母亲每天会打三四个电话询问饮食起居，一旦小周未及时接听，母亲就会连续拨打直至接通；父亲则从不过问生活细节，仅在考试后询问成绩，成绩不佳便沉默冷战。小周觉得母亲的关心让她窒息，可又不满父亲的疏离。她不知如何改变这种状态。

思考：

(1) 根据小周的描述，她的家庭互动模式存在哪些特点？

(2) 运用家庭系统理论，分析小周家庭中成员间的互动模式？

(3) 如果你是小周，会采用哪些方法改善与父母的互动模式？

心理知识

从高中到大学，学习环境转变的同时，家庭互动模式也悄然发生着变化。高中时期，家庭互动多围绕子女的学业状态和饮食起居展开，父母的关注重点往往是学习成绩和身体状况；而进入大学后，子女开始接触专业技能学习，对独立和自主的需求逐渐增强，家庭互动的内容和模式随之改变，也逐渐出现新的矛盾与困惑。

许多大学生会发现，自己与家人在专业选择、未来规划等方面的分歧增多，曾经习以为常的家庭互动模式似乎不再适应新的成长阶段。比如，有的同学希望追求自己感兴趣的专业方向，却遭到父母的反对；有的同学渴望在假期参与社会实践，却被家人要求回家度过假期。这些情况的出现，让他们对家庭互动有了更深的思考。

家庭互动模式是个体成长的重要环境因素，它影响着大学生的自我认知、情绪管理和人际交往能力。深入了解家庭互动模式的相关知识，学会识别自身家庭互动中存在的问题，并掌握改善的方法，对于提升大学生心理健康水平、更好地适应成长变化具有重要意义。以下将从基础理论、问题识别和改善方法三个方面，对家庭互动模式进行全面解析，为大学生提供实用的指导。

一、家庭互动模式

(一) 家庭互动模式的定义

家庭互动模式是家庭成员在日常交往中形成的稳定的沟通方式、情感表达模式以及权力结构等要素的综合体现。

从沟通方式来看，它主要包含家庭成员之间语言交流的风格，如命令式、商量式，频繁沟通、很少交流等。在一些家庭中，父母习惯用命令式的口吻对孩子说话，孩子只能服从，这就是一种特定的沟通方式。

在情感表达模式方面，有的家庭氛围轻松，成员之间善于表达爱、关心等情感，会通过拥抱、赞美等方式传递情感；而有的家庭则比较内敛，很少直接表达情感，成员之间的情感交流相对匮乏。

权力结构则体现了家庭成员在家庭决策中的地位和影响力。有的家庭中，父母拥有绝对的权力，大小事情都由父母决定；而有的家庭则是成员共同参与决策，每个人都能表达意见。

(二) 家庭系统理论

家庭系统理论认为家庭是一个动态的系统，每个家庭成员都是系统中的重要组成部分，成员之间相互影响、相互作用。家庭系统不是各个成员的简单叠加，而是一个有机的整体，具有整体性、关联性和动态平衡性等特点。

整体性意味着家庭系统的功能和特性不能仅通过分析单个成员来理解，而需要从整个家庭的角度去把握。例如，一个孩子出现行为问题，可能不仅仅是孩子自身的原因，还与父母的教育方式、家庭氛围等整个家庭系统的运作有关。

关联性体现为家庭成员之间的相互依存，一个成员的行为会对其他成员产生影响。父母的性格和脾气会影响孩子，孩子因此形成的行为又反过来影响父母，这充分体现了成员之间的关联。

动态平衡性是指家庭系统会通过自身的调节机制维持一定的平衡状态，当系统受到外部或内部因素的干扰时，会通过调整成员之间的互动模式来重新达到平衡。比如当家庭中出现新的成员时，其他成员会调整自己的行为来适应新的情况，以维持家庭系统的稳定。

(三) 常见的家庭互动模式类型

1. 权威型(高控制 + 低情感表达)

权威型家庭互动模式中，父母拥有绝对的权威，对孩子的行为有严格的控制和要求，会制定各种规则，孩子必须遵守，很少有商量的余地。同时，父母在情感表达方面比较匮乏，很少给予孩子情感上的支持和关爱。

在中国传统家庭中，这种类型较为常见。比如有些父母会对孩子说"我说不行就不行"，不允许孩子有自己的想法和意见。孩子在这样的家庭氛围中，往往比较顺从，但可能缺乏自主意识和创新精神，内心也可能因为缺乏情感支持而感到孤独。

2. 民主型(高沟通 + 高支持)

民主型家庭互动模式强调成员之间的平等沟通，父母会尊重孩子的想法和意见，在做出家庭决策时，会征求孩子的看法。同时，父母会给予孩子充分的情感支持和关爱，当孩子遇到困难时，会鼓励和帮助他们。

随着社会的发展，越来越多的中国家庭趋向于这种类型。例如，在孩子选择专业时，父母会和孩子一起讨论、分析各个专业的利弊，并最终尊重孩子的选择。在这样的家庭中成长的孩子，往往性格开朗、自信，具有较强的沟通能力和责任感。

3. 放任型(低规则 + 低关注)

放任型家庭互动模式中，父母对孩子缺乏必要的规则约束，孩子的行为比较自由，没有明确的界限。同时，父母对孩子的关注也比较少，很少关心孩子的学习、生活和情感需求。

一些父母忙于工作、无暇顾及孩子的家庭通常为这种类型。孩子在这样的环境中，可能会因为缺乏引导而出现行为散漫、自律性差等问题，在遇到挫折时也可能因为得不到支持而感到无助。

4. 矛盾型(高冲突 + 不稳定)

矛盾型家庭互动模式的特点是成员之间经常发生冲突，家庭氛围紧张且不稳定。父母可能经常争吵，对孩子的教育方式也不一致，时而严厉，时而放任。

例如，父母在教育孩子时，一方主张严格管教，另一方却溺爱纵容，这种不一致会让孩子感到困惑，不知道该遵守什么样的规则。在这样的家庭中，孩子容易产生焦虑、不安等情绪，对家庭缺乏安全感。

(四) 家庭互动模式对心理健康的影响

家庭是个体最早接触的社交环境，家庭互动模式直接塑造人的心理结构与行为模式，对心理健康的影响具有持续性和渗透性。

民主型家庭互动模式中，成员间的沟通充满尊重与支持。父母会主动关注孩子的情绪变化，在其遭遇挫折时给予共情回应。这种模式能让人形成稳定的安全感，进而发展出积极的自我认知。民主型模式下的学生在人际交往中更倾向于信任他人，面对学业压力时能保持情绪弹性，较少出现焦虑或抑郁症状；同时，也往往敢于表达自己的意愿，即使与父母有分歧，也能通过沟通达成共识，内心冲突较少。

矛盾型家庭互动模式则会引发孩子持续的心理应激。家庭成员频繁的争吵、指责或冷战，会让孩子产生长期的不安全感。研究表明，长期处于矛盾型互动模式中的学生，下丘脑-垂体-肾上腺轴易处于过度激活状态，导致情绪调节能力下降，表现为易怒、敏感或回避社交。部分学生因长期目睹父母冲突，会形成"冲突即危险"的认知，在合作中刻意回避不同意见，影响团队协作效率。

权威型家庭互动模式中父母的高控制与低情感表达，可能导致学生自我价值感偏低。父母过度强调服从而忽视情感需求，如"只要按我说的做，别管为什么"，会让学生逐渐压抑真实感受，形成迎合型人格。他们在职业规划中常因害怕父母否定而陷入决策困境，甚至对自己的专业能力产生怀疑。调查显示，这类模式下学生出现躯体化症状(如头痛、失眠)的概率是民主型模式的1.8倍。

放任型家庭互动模式中父母的低规则与低关注，易使学生归属感缺失。父母长期的忽视或放任，会让学生误以为"自己不重要"，进而出现行为自律性差、情绪稳定性差等问题。他们可能会因缺乏规则意识而频繁违规，面对学业挫折时因缺乏支持系统而陷入孤立无援的境地，部分学生甚至通过沉迷网络来填补心理空缺，形成恶性循环。

二、大学生常见的家庭互动困扰

大学生处于从家庭依赖向独立生活过渡的关键期，家庭互动中的矛盾往往因成长需求与家庭惯性的碰撞而凸显。具体而言，大学生常见的家庭互动困扰表现为职业规划与家庭期待的冲突、代际认知断层带来的沟通冲突以及特殊家庭结构的互动困扰。

(一) 职业规划与家庭期待的冲突

大学的专业性、高职教育的职业导向性常与传统家庭观念产生摩擦。许多家长对职业教育存在认知偏差，将其视为次等选择，进而对孩子提出与专业发展相背离的要求。例如，智慧养老服务与管理专业的女生小陈曾因母亲的"学历焦虑"陷入抑郁：母亲每周的三次视频通话都围绕"专升本"展开，甚至偷偷联系辅导员要求给小陈更换专业，理由是"护工谁都能做，读这个专业没前途，不如换个会计专业以后坐办公室"。小陈在日记中写道："我喜欢和老人打交道，喜欢研究智慧养老设备来更好地服务老人，可在妈妈眼里，我做的这些都是没出息的事，我永远是个'学历失败者'。"这种期望落差会直接削弱学生对专业的认同感，形成"我做的都是错的"的负面认知循环。这类冲突的核心在于家庭对成功标准的单一化认知。

(二) 代际认知断层带来的沟通冲突

大学生的自主意识觉醒与家庭传统沟通模式的碰撞，易引发"对话即冲突"的困扰。例如，汽修专业男生小张的父亲是建筑工人，习惯用"命令式语言"交流，每次通话必然以"别跟社会上的人学坏""钱要省着花"等训诫收尾。当小张尝试分享学校趣事时，父亲总会打断并转移到"毕业后能进4S店吗""一个月能挣多少钱"等现实问题上。这种沟通让小张逐渐关闭心门，跟父亲沟通时只是简单回应，不愿多聊几句。

更隐蔽的错位体现在"关心即控制"的互动中。这种过度关注会让学生产生强烈的窒息感，甚至开始找借口回避和父母的沟通。

(三) 特殊家庭结构的互动困扰

留守与单亲家庭的大学生面临更为复杂的情感博弈。例如，数控技术专业的男生小郑是典型的"留守二代"，自幼由奶奶抚养，父母在外地打工。他与父亲的互动仅限于每月一次的生活费转账，转账时父亲的备注内容多为"好好学习""别惹事"。当小郑在实训中被机床划伤手臂时，他第一时间隐瞒伤情，因为他知道哪怕告诉父母，他们也只会怪他不小心。这种情感疏离让他在遭遇学业挫折时，更倾向于通过通宵打游戏逃避现实。

在部分单亲家庭中，可能因长期情感依附形成"共生型"互动模式。例如，物流管理专业女生小徐的父母在她小学时离婚，母亲独自抚养她长大，母女俩常年相互陪伴。进入大学后，母亲每天晚上都会打视频电话，一聊就是两三个小时，从食堂饭菜到班级同学的情况都要过问，甚至要求小徐每天拍宿舍环境和学校环境给她看。当小徐加入学校社团需要周末外出调研时，母亲在电话里哭着说："以前你每天都在家陪我吃饭，现在一周就回来一天还要往外跑，是不是觉得妈妈烦了？"小徐心软答应推掉活动，可心里又很委屈。母亲的过度依赖让她在团队合作中总是优先考虑他人情绪，即使自己的方案更合理，她也会因为怕引起矛盾而选择妥协。需要强调的是，这只是一种特殊情境下的互动模式，单亲家庭的互动模式是多元的，多数单亲家庭能建立健康的互动模式。

这些困扰的共性在于：家庭互动未能适应大学生的成长需求——他们既需要家庭认可

其专业选择的价值，也渴望获得平等沟通的尊重，更期待在情感支持与独立空间之间找到平衡。这些困扰若长期得不到化解，可能演变为习得性无助，直接影响大学生职业发展信心与心理健康状态。

三、改善家庭互动的实用方法

(一) 有效沟通

1. 非暴力沟通

非暴力沟通的理论在项目 6 已详述，此处只聚焦家庭互动应用场景。作为人际沟通的核心工具，非暴力沟通在家庭互动中也可简化为观察、感受、需求、请求四步。

(1) 观察：聚焦具体事实，避免主观评判。例如，前述案例中的小徐在面对母亲频繁询问社团活动时，可以说"妈妈你这一周每天都问我社团活动有没有影响学习"，而非"你总盯着我社团的事烦不烦"。

(2) 感受：坦诚表达内心情绪。针对上述情况，小徐可接着说"每次被问时，我会觉得自己的安排没被信任"。

(3) 需求：明确自身核心诉求。小徐可以继续说明"我希望我们能相互信任，我能平衡好专业学习和社团实践"。

(4) 请求：提出具体可行的方案。小徐最后可以说"以后我每周主动跟您说一次社团的进展，您看可以吗？"

这种沟通方式能减少家庭对话中的对抗感，尤其适用于化解职业规划与家庭期待的冲突。

2. 积极倾听

积极倾听是建立情感联结的关键，核心在于确认理解而非急于回应。具体可分为三步：

(1) 不打断：在家人表达时保持专注，如父亲谈论工作压力时，子女可放下手机耐心倾听。

(2) 不评判：避免用"这很简单""你不该这样"等话语否定对方感受。

(3) 反馈确认：用复述式语言确认理解，如"爸，您刚才说工地上的设备故障让您加班三天，现在特别累，对吗？"

积极倾听后的回应能让家人感受到被重视，尤其适用于缓解代际认知断层带来的沟通冲突。

(二) 冲突管理

1. 暂停技术

当家庭对话陷入情绪对抗时，及时暂停是避免冲突升级的有效手段。暂停技术的关键在于：

(1) 主动示意：用温和语气提出暂停，如子女与父亲因实习安排争吵时，双方可提议先喝杯水冷静半小时，再慢慢说。

(2) 明确时限：约定具体的复谈时间(5～30 分钟为宜)，避免演变为冷战。

(3) 冷静方式：暂停期间可通过散步、整理物品等方式平复情绪，而非反复回想冲突细节。

2. 换位思考

换位思考需结合家庭角色特点具体展开，而非抽象共情。例如，面对母亲反对参加物流园区实习时，子女可尝试去理解父母养育的不易，以及对自己的关心和在意；在此基础上沟通："妈，实习包住宿而且有老师带队，我每天跟您报平安，还能积累工作经验，对以后找工作很重要呢。"将对方的担忧转化为对具体场景的理解，能有效降低对抗心理。

(三) 建立健康边界

1. 温和表达需求

在家庭中表达个人边界时，可采用"认可关心—明确需求—具体方案"的句式，既体现尊重又能传递坚定态度。

(1) 认可关心：比如，在面对父母对自己安排不满时，子女可首先告诉他们，"爸、妈，我知道你们希望我早点稳定下来，是为我好"。

(2) 明确需求：在上面基础上，再强调自身需求，如"但我现在想先专注于专业实训，这对我的职业发展很重要"。

(3) 具体方案：最后告知父母具体方案，如"我会每两周跟你们汇报一次实训进展，咱们一起看效果"。

这种表达适用于应对过度控制或情感绑架式互动，以帮助大学生在尊重家庭的同时守住个人发展空间。

2. 应对过度关注

面对频繁查岗、过度干预等情况，大学生可通过"选择性分享—成果展示"逐步建立信任，让父母逐步放手。

(1) 选择性分享：定期与父母分享某些校园趣事、学习经历，而非事无巨细、天天汇报。

(2) 成果展示：定期向家人展示成长证据，如技能大赛获奖证书、实训考核成绩单等，用事实证明自身能力，减少家人的过度担忧。

这些方法的核心是在尊重家庭与自我发展之间找到平衡，帮助大学生在家庭互动中既保持情感联结，又能实现独立成长。

家庭互动是大学生成长中不可或缺的部分，其模式影响着大学生的心理健康与职业发展。从认知家庭互动类型，到识别自身家庭的困扰，再到掌握改善方法，大学生可以逐步学会在理解与尊重中构建健康的互动模式。需要强调的是，没有完美的互动模式，关键是在觉察中调整，在沟通中平衡，进而在家庭支持与自我成长间找到契合点，让家庭成为逐梦路上的温暖后盾。

活动体验

职业角色互换日

一、活动目的

(1) 体验不同角色的身份特征和心理状况。

(2) 学会换位思考以及对自己角色的反思。

二、活动准备

填写"角色期待清单"，预判家人可能的反应。

三、活动过程

(1) 开展一天"家庭职业体验"活动，学生选择父母或家人的职业类型进行角色扮演。

(2) 设计 3 个互动场景：职业困境求助，如工作失误向家人倾诉；职业成就分享，如获得晋升与家人沟通；职业选择分歧，如想转行时与家人的对话。

(3) 角色扮演中用手机记录关键对话。

(4) 体验后撰写角色互换反思日记，对比真实家庭互动模式与理想模式的差异，提出 2～3 条改进家庭职业沟通的具体策略。

四、活动感悟(学生填写)

(1) _____

(2) _____

(3) _____

五、活动点评(老师填写)

(1) _____

(2) _____

(3) _____

训练与测评

家庭情感表达测试

请根据自己家庭的情况，对以下问题进行评分，1 分表示从不，2 分表示偶尔，3 分表示经常，4 分表示总是。

(1) 家人会向彼此表达关心和爱意。

(2) 当家人遇到开心的事情时，会一起分享快乐。

(3) 当家人遇到难过的事情时，会互相安慰。

(4) 家人之间会坦诚地表达自己的不满和愤怒。

(5) 家人会赞美彼此的优点和成就。

一、评分方法

将各题的得分相加得到总分。

二、评定标准

总分在 5～10 分之间，说明家庭情感表达较少；11～15 分之间，说明家庭情感表达处于中等水平；16～20 分之间，说明家庭情感表达较为充分。

良好的家庭关系——职业发展的"能量基站"

　　良好的家庭关系如同职业发展的"能量基站"，既能提供坚实的心理支撑，又能培育关键的职业能力，为大学生的职业成长持续注入动力。总的来说，良好的家庭关系对大学生的意义在于以下几个方面：

　　(1) 在职业选择阶段，家庭的理解与支持是明确方向的前提。对于大学生而言，专业选择往往承载着个人对职业的初步构想，家庭若能认可职业教育的价值，尊重大学生的专业选择，会让学生在职业探索中更有底气。这种认可不是简单的顺从，而是通过平等沟通达成的共识，由此形成的"我的职业我做主"的自主意识，正是职业发展最核心的内在驱动力，能帮助学生在多元的职业路径中坚守方向。

　　(2) 健康的家庭互动是情绪调节的缓冲器。家庭应成为包容情绪的安全港湾，而非制造焦虑的压力源，让职场人能在疲惫时获得喘息与修复的空间。家庭的支持不是空洞的安慰，而是基于理解的共情，能帮助大学生建立更强的心理韧性，让他们在面对客户投诉、工作失误等职业挫折时，更快平复情绪并理性应对。职业能力的提升不仅来自职场历练，家庭互动模式也在潜移默化中塑造着职场素养。在民主氛围中成长的学生，往往更早掌握倾听、换位思考等沟通技巧，这些在家庭中自然习得的互动策略，是职场人际关系的"预演"。当这些能力迁移到工作场景中，会转化为与同事协作、与客户沟通的实际本领，助力大学生的职业发展。

　　(3) 职业成就的持续获取，更离不开家庭给予的"成长型思维"引导。家庭若能将关注点从结果转向成长，在学生取得进步时肯定其努力过程与解决问题的思路，而非仅关注眼前的收益，会帮助他们养成从实践中总结经验的思维方式。这种思维方式能推动职场人不断突破自我，在技能提升与职业进阶中形成可持续的发展动力。

　　从职业选择的坚定到职场压力的化解，从沟通能力的培养到成长动力的维系，良好的家庭关系始终是职业发展的隐形基石。它不直接决定职业高度，却能让职场人在每个职业阶段的脚步都更稳健、更有力。

家庭互动模式解析工具页

任务 8.2　代际传递突破

成长案例

小郑是大二年级物流管理专业的学生，最近总因消费问题与家人闹不愉快。奶奶每天打电话都要问"今天食堂花了几块钱"，得知他偶尔买奶茶或零食，就反复说"我年轻时一分钱掰成两半花，你这是在糟践钱"；父亲则要求他每周末汇报生活费支出明细，看到他买了实训用的防滑手套、物流设施模型组件，就会说："学校不是发了工具吗？这些东西自己随便找点材料做不行？非得花冤枉钱。"小郑觉得这些都是学习和实训必需的开销，却被家人指责"不会过日子"，现在一到周末就怕接到家里的"查账电话"，心里很不是滋味。

思考：

(1) 小郑的家庭互动中，哪些地方体现了生活习惯与消费观念的代际差异？这些差异在大学生的学习和生活场景中带来了哪些冲突？

(2) 运用家庭系统理论，分析家人的消费要求对小郑专业学习需求的影响。

(3) 若你是小郑，你会通过哪些具体做法让家人理解学习中必要消费的意义，同时避免引发争吵？

心理知识

家庭对人的心理发展、行为模式及价值观形成的影响具有基础性和持久性。从发展心理学视角来看，个体自出生起便处于家庭系统的互动之中，父母的教养方式、情感表达、行为示范等，通过代际传递的多重路径，持续塑造着子女的心理特质与社会适应能力。

大学阶段既是自我意识觉醒的关键时期，也是梳理原生家庭影响、构建独立人格的重要时期。大学生在学习生活中展现出的情绪调节能力、人际交往模式乃至职业选择倾向，往往都具有家庭中的代际传递痕迹。深入理解代际传递，不仅有助于大学生更清晰地认识自我，更能为其突破不良代际循环、建立健康心理边界提供理论支撑与实践指引。

一、代际传递的概念与内容

代际传递是发展心理学、家庭心理学与社会心理学交叉领域的核心概念，指个体通过遗传、家庭互动、文化浸润等多重路径，将心理特质、行为模式、情感经验及社会资源传递给后代的动态过程。这一概念强调家庭作为"最小社会单元"的核心作用——上一代的心理特质不仅通过基因传递，更通过日常互动塑造下一代的认知与行为，形成代际延续。其理论基础可追溯至弗洛伊德的童年经验决定论、鲍尔比的依恋理论，以及班杜拉的社会学习理论，三者共同揭示了家庭环境对个体发展的深远影响。

代际传递的内容具有多样性，既包括积极心理特质，也涵盖心理问题与风险行为，具体可分为四大类。

(一) 心理与行为模式

代际传递的心理与行为模式主要包括依恋模式的延续以及情绪调节与压力应对模式的延续。

(1) 依恋模式的延续。父母的依恋模式(如安全型、焦虑-矛盾型、回避型)会通过教养行为传递给子女。例如,安全型依恋模式的父母倾向于及时回应孩子的需求,其子女更可能发展出安全型依恋模式;而回避型依恋模式的父母对孩子情感需求的忽视,可能导致子女成年后难以建立亲密关系。

(2) 情绪调节与压力应对模式的延续。父母的情绪调节与压力应对模式直接影响孩子的情绪管理能力。研究发现,长期面对父母愤怒、攻击性行为的儿童,更易习得冲动型情绪调节策略;反之,父母通过语言疏导表达情绪的家庭,孩子更可能发展出共情与问题解决能力。

(二) 认知与价值观体系

认知与价值观体系主要包括学业与职业观念、社会认知与偏见两个方面。

(1) 学业与职业观念。父母对教育的重视程度会内化为子女的学业动机。例如,高学历父母更可能通过家庭阅读环境和学习支持行为,使子女形成"能力增长观";而父母对职业的刻板印象也可能限制子女的职业探索。

(2) 社会认知与偏见。歧视、性别偏见等态度会通过家庭社会化传递。研究显示,父母明确表达歧视与偏见的儿童,更可能在同伴交往中表现出排斥行为。

(三) 心理问题与风险行为

代际传递的心理问题与风险行为主要包括情绪障碍的代际传递及创伤与暴力循环两部分。

(1) 情绪障碍的代际传递。抑郁、焦虑等情绪问题具有显著的家庭聚集性。一方面,遗传因素使子女抑郁的风险增加;另一方面,抑郁父母的消极认知模式和情感忽视,会降低孩子的自我价值感。

(2) 创伤与暴力循环。经历家庭暴力的儿童,成年后实施或遭受暴力的概率是普通人群的 3 倍。这一循环源于创伤导致的神经发育异常、对暴力的合理化认知,以及缺乏健康的冲突解决策略。

(四) 积极心理特质

心理韧性、共情能力等积极心理特质同样具有代际传递性。例如,父母通过"挑战—支持"教养模式,鼓励孩子独立解决问题,同时提供情感支持,可培养子女的抗逆力;而父母的利他行为能使子女形成亲社会价值取向。

二、代际传递的心理机制

(一) 客体关系理论视角下的代际传递

客体关系理论是精神分析学派的重要分支,代表人物为梅兰妮·克莱因。该理论认为,个体在早期与重要客体(主要是父母)的互动中，会形成内在客体表征，这些表征会影响个体后续的人际关系和行为模式。对于大学生而言，他们在成长过程中与父母的互动模式，会内化为"内在父母"和"内在小孩"的关系模式，进而在无意识中影响他们的行为和情绪反应。比如，父母在教育过程中经常采用严厉的批评和指责方式，则子女的内在客体表征中就会形成"严厉的内在父母"和"卑微的内在小孩"。当他们在生活中遇到类似情境时，"严厉的内在父母"就会被激活，他们可能会像自己的父母一样，对他人或自己进行严厉的批评和指责。这种无意识的重复，就是"强迫性重复"现象。

"强迫性重复"是代际传递中一种常见的潜意识机制。它指的是个体在不知不觉中，重复着过去经历过的痛苦或不愉快的关系模式。即使这种模式会带来伤害，个体也会因为熟悉而难以摆脱。例如，有些大学生明明讨厌父母的易怒性格，却发现自己在面对压力时，情绪也会不由自主地爆发，甚至使用和父母相同的语气和措辞。这是因为，在个体的成长过程中，父母的行为模式会通过投射性认同的方式传递给个体。投射性认同是指个体将自己的情感、想法投射到他人身上，然后通过他人的反应来确认自己的投射。比如，父母将自己的焦虑投射到孩子身上，孩子接受了这种投射后，就会表现出焦虑的行为，而父母则会通过孩子的焦虑来确认自己的焦虑是合理的。这种投射性认同在代际传递中不断循环，导致个体重复着父母的行为模式。

(二) 家庭系统理论与代际传递

家庭系统理论认为，家庭是一个有机的系统，每个家庭成员都是系统的一部分，家庭成员之间的互动会相互影响，形成一个动态的平衡。在这个系统中，代际传递是通过家庭的情感传递规律和代际模式复制实现的。

家庭中的情感传递是潜移默化的。父母的情绪状态、应对压力的方式等，都会通过日常的互动传递给孩子。例如，如果父母在面对生活压力时总是表现出悲观和无助，则孩子在成长过程中也可能会形成消极的应对方式。这种情感传递不是通过语言，而是通过非言语的信号，如面部表情、肢体语言、语气等，在不知不觉中影响着孩子。

代际模式复制是指家庭中的行为模式、价值观等会在代际之间传递。比如，在大学生群体中，有些学生成长于充满争吵和冷战的家庭中，父母长期的矛盾冲突让他们从小目睹婚姻中的指责与疏离。这种糟糕的互动模式，可能使他们对未来的亲密关系产生恐惧，担心自己也会陷入类似的困境。

三、家庭"毒素"的识别

(一) 默里·鲍文代际传递理论与家庭"毒素"

默里·鲍文代际传递理论认为，家庭中的未完成事件和家庭投射过程会导致家庭"毒素"的传递。

未完成事件是指在家庭中未得到解决的情感冲突或问题，如父母之间的矛盾、对某个家庭成员的不公平对待等。这些未完成事件像一颗定时炸弹在家庭中传递，影响着家庭成员的心理健康。例如，在一个存在重男轻女观念的家庭中，女孩可能会在成长过程中感受到被忽视和不公平对待，这种情感会成为她心中的未完成事件。当她长大成人后，可能会将这种情感投射到自己的孩子身上，对男孩过度溺爱，对女孩过度严格，从而将重男轻女的观念传递下去。

家庭投射过程是指父母将自己的焦虑、不安等情绪投射到孩子身上，让孩子承担起父母的情绪责任。比如，父母在工作中遇到挫折，回到家后可能会对孩子发脾气，将自己的负面情绪传递给孩子。孩子在接受这些情绪后，可能会形成自卑、焦虑等心理。

(二) 家庭"毒素"的具体表现

家庭"毒素"的具体表现主要包括以下几个方面：

(1) 控制。父母对子女的生活、学习、交友等方面进行过度干涉和控制，不给他们自主选择的权利。比如，有些父母会强制要求孩子选择某个专业，或者限制孩子与异性朋友交往。这种控制会让子女产生逆反心理，影响他们自主意识和独立能力的发展。

(2) 情感勒索。父母通过威胁、指责、抱怨等方式，让子女产生内疚感，从而达到控制他们的目的。例如，父母可能会说"我为你付出了这么多，你却这样回报我"等。这种情感勒索会让子女在心理上承受巨大的压力，影响他们的身心健康。

(3) 三角化沟通。当父母之间存在矛盾时，他们可能会将子女卷入其中，让子女在父母之间做出选择。比如，母亲可能会对孩子说"你爸爸不爱我们了，他心里只有工作"，父亲可能会对孩子说"你妈妈太唠叨了，我实在受不了她"。这种三角化沟通会让子女感到困惑和不安，影响他们的人际关系和情感发展。

(三) 识别家庭"毒素"的方法

家庭"毒素"的识别方法有以下几种：

(1) "家庭情绪账单"练习。大学生可以写下父母最常说的三句"有毒"话语，然后分析这些话语背后的情感勒索逻辑，形成"家庭情绪账单"。通过这种练习，大学生可以更清晰地认识到家庭中的"毒素"，以及这些"毒素"对自己情绪的影响。

(2) 自我反思。大学生在日常学习生活中，不妨定期停下脚步，认真反思自己的情绪波动与行为表现。尤其要留意那些突如其来的焦虑和莫名滋生的抑郁，是否与家庭氛围、亲人互动或家中发生的具体事情相关。这种反思能帮助大学生更清晰地认识情绪根源，为自我调节打下基础。

(3) 寻求他人帮助。大学生可主动找班主任或信任的老师倾诉家庭困扰，也可以和室友倾诉感受，还可预约学校心理咨询室，寻求专业的帮助和建议。他人的视角可能会让学生更客观地认识到家庭中的问题。

四、重建健康的心理边界

(一) 成人依恋理论

成人依恋理论认为，个体在成年后的亲密关系中，会表现出不同的依恋类型，如安全型、焦虑型、回避型等。安全型依恋的个体能够建立健康的心理边界，在亲密关系中既能保持独立，又能与他人建立良好的连接；焦虑型依恋的个体往往过度依赖他人，害怕被抛弃，难以建立健康的心理边界；回避型依恋的个体则害怕亲密关系，总是试图与他人保持距离，也难以建立健康的心理边界。

对于大学生而言，他们的依恋类型会影响他们在家庭中与父母的互动，以及未来在亲密关系中与伴侣的互动。因此，大学生应建立安全型依恋，以更好地重建健康的心理边界。

(二) 非暴力沟通

通过非暴力沟通，大学生可以清晰地表达自己的想法和需求，同时也能够理解父母的感受和需求，从而建立良好的沟通，重建健康的心理边界。与改善家庭互动一致，这里的非暴力沟通也包含观察、感受、需求、请求四步。

(1) 观察：客观描述事件，不加评价。比如面对家庭成员过于节俭，家里临期物品堆积，大学生在假期回家时可以说"这学期每次回家，奶奶都会把超市临期的面包、打折的不新鲜蔬菜带回家里，爸爸你也总说'别买新衣服，旧的还能穿'"。而不是说"你们太抠门了，净捡些没用的东西"。

(2) 感受：表达自身感受。针对上述情况，可以接着说"看到家里堆着临期食品，听着你们总强调省钱，我心里会觉得有点压抑，也担心这样影响健康"。

(3) 需求：说明内在需求。然后，可以说"我希望家里能保证基本的生活品质，也希望你们相信我现在能合理规划生活费，不用过度为我节省"。

(4) 请求：提出具体可行的要求。最后可以说"以后咱们每周买一次新鲜蔬菜，临期食品就不买了；我换季需要添衣服时，咱们一起去挑性价比高的，这样可以吗"。

通过非暴力沟通，大学生可以让家长了解自己的想法和需求，同时也能够尊重家长的感受和需求，从而在家庭中建立起相互尊重、相互理解的关系，重建健康的心理边界。

(三) 去融合

去融合是默里·鲍文家庭系统理论中的一个重要概念，它指的是个体在家庭系统中，既能保持与家庭成员的情感连接，又能保持自己的独立性和自主性。对于大学生而言，进行去融合练习可以帮助他们跳出受害者角色，重建健康的心理边界。去融合的关键在于以下几点：

(1) 自我觉察。大学生需要时刻关注自己的情绪和行为，认识到自己的情绪和行为是否受到了家庭的影响。比如，当父母对自己提出不合理要求时，大学生可以分析自己是否会感到愤怒或委屈，这种情绪是否由家庭的融合所致。

(2) 设定边界。大学生需要明确自己的边界，知道哪些事情是自己可以接受的，哪些事情是自己不能接受的。比如，对于父母过度干涉自己的交友选择，大学生可以明确告诉父母"我的朋友我自己会选择，希望你们能够尊重我的决定"。

(3) 保持距离。在必要的时候，大学生可以与家庭保持一定的距离，让自己有足够的空间和时间来发展自己的独立性和自主性。比如，周末可以选择不回家，留在学校参加社团活动或学习，让自己有更多机会接触外界，拓宽自己的视野。

五、避免重复代际模式

(一) 创伤后成长理论与积极教养

创伤后成长理论认为，个体在经历创伤事件后，可能会在认知、情感、人际关系等方面获得成长。对于大学生而言，他们在成长过程中可能会经历家庭中的各种"毒素"和创伤事件，但这些经历也可能成为他们成长的契机。

积极教养是一种以儿童为中心的教养方式，它强调尊重儿童的个性和需求，鼓励儿童自主探索和发展。积极教养包括温暖、支持、鼓励、引导等方面。通过积极教养，父母可以帮助孩子建立自信、自尊、自主等良好的心理品质，避免将自己在成长过程中受到的不良影响传递给孩子。

大学生可以将自己在家庭中的负面经历转化为警示牌，比如，当自己感到愤怒时，回忆父母曾经因为愤怒而对自己造成的伤害，从而提醒自己先冷静 10 秒，之后再处理问题。

(二) 家庭核心价值观

家庭核心价值观是一个家庭中最重要的价值观和信念，它决定了家庭成员的行为方式和生活态度。大学生可以设计自己的家庭核心价值观，明确自己想传承什么、切断什么，从而避免重复代际模式。

为此，大学生需要反思自己的原生家庭，找出其中积极的和消极的价值观。比如，原生家庭中的勤劳、善良等积极价值观是值得传承的，而过度控制等消极价值观则需要切断；并以此反思自己想要建立的家庭核心价值观，比如，平等、尊重、包容、创新等。此外，大学生需要将自己确定的家庭核心价值观付诸实践，在日常生活中不断践行这些价值观，如在与同学相处时，要做到平等相待、相互尊重、包容差异、勇于创新。

(三) 家庭升级蓝图

家庭升级蓝图是大学生为自己未来的家庭设计的一份规划，它包括"避坑清单"和"理想家庭仪式"两部分。通过设计家庭升级蓝图，大学生可以明确自己在未来的家庭中需要避免的问题和想要实现的目标，从而避免重复代际模式。

首先，大学生需要根据自己的原生家庭经历，列出在未来的育儿过程中需要避免的问题。比如，避免对孩子过度批评和指责、避免过度干涉孩子的生活等。

其次，大学生可以设计一些理想的家庭仪式，如每周一次的家庭聚餐、每年一次的家庭旅行等。这些家庭仪式可以增强家庭成员之间的情感连接，营造良好的家庭氛围。

代际传递的突破是一个需要不断学习和实践的过程。大学生需要认识到代际传递的心理机制，识别家庭中的"毒素"，重建健康的心理边界，避免重复代际模式。通过不断的努力和实践，大学生可以打破代际传递的循环，创造属于自己的幸福家庭生活，同时也为下一代的健康成长奠定良好的基础。

> **活动体验**

揭示家庭的"隐形密码"

一、活动目的

(1) 直观感受代际传递的具体表现。

(2) 识别家庭中的积极养分与"毒素"。

(3) 练习自我觉察与边界沟通技能。

二、活动准备

便笺纸、画纸、彩笔、场景卡片(提前打印)、"成长树"展板。

三、活动步骤

1. "家庭快照"书写

每人在便笺纸上写下 3 个家庭互动中印象最深的场景。

2. "家庭情绪树"绘制

(1) 每人在画纸上画一棵"家庭情绪树":树根代表祖辈和父母的情绪模式,树干代表自己受影响的情绪反应,树叶标注积极的传递,枯枝标注需要警惕的"毒素"。

(2) 小组内轮流展示,他人仅倾听不评价。

3. "边界对话"角色扮演

(1) 给出 2 个典型场景卡片。

场景 1:妈妈每天发 10 条消息问你是否按时吃饭和睡觉等,你感到被过度关注。

场景 2:爷爷总说女孩子读那么多书没用,早点嫁人好,你想反驳又怕伤他心。

(2) 两人一组,一人扮演自己,一人扮演家人,用非暴力沟通四步法模拟对话,每组展示一组对话,全班提炼有效沟通技巧。

4. "传承与突破"小结

每人在便笺上写下两句话:

(1) 我想从家庭中传承的是_____

(2) 我想努力改变的是_____

四、活动感悟(学生填写)

(1) _____

(2) _____

(3) _____

五、活动点评(老师填写)

(1) _____

(2) _____

(3) _____

训练与测评

代际传递突破自检

表 8-1 为代际传递突破自检表，用于评估学生对代际传递模式的觉察程度、突破意愿及行动策略，以启发主动成长意识。仔细阅读每个陈述项目，选择最符合你实际情况的选项。其中，1 表示非常不符合，2 表示不符合，3 表示不确定，4 表示符合，5 表示非常符合。请根据真实感受作答。

表 8-1　代际传递突破自检表

维度	项　目	选　项				
觉察力	(1) 我能清晰描述父母和祖辈的沟通或情绪处理方式如何影响我当前的性格或行为	1	2	3	4	5
	(2) 我意识到家庭中某些重复出现的冲突(如过度控制、情感回避)存在代际传递性	1	2	3	4	5
	(3) 我能识别家庭传承给我的积极特质(如坚韧、责任感)及这些特质如何塑造现在的我	1	2	3	4	5
	(4) 我注意到自己在压力下会无意识地重复父母的行为模式，如指责、沉默	1	2	3	4	5
态度认知	(5) 我认为自己必须完全复制父母的价值观和生活方式(反向计分)	1	2	3	4	5
	(6) 我相信即使原生家庭有局限，我仍能创造新的关系模式	1	2	3	4	5
	(7) 我接纳家庭的不完美，但不认为这些局限会永久定义我的人生	1	2	3	4	5
	(8) 我认为"孝道"意味着无条件服从父母的要求(反向计分)	1	2	3	4	5
行动策略	(9) 我会主动与父母沟通彼此成长经历的差异，尝试互相理解	1	2	3	4	5
	(10) 发现用"家庭惯用方式"处理问题无效时，我会寻求新方法，如学习沟通技巧	1	2	3	4	5
	(11) 我有意识地设立与父母相处的个人边界，如情感空间、决策自主权	1	2	3	4	5
	(12) 我尝试在家庭中扮演与传统角色不同的新角色，如调解者	1	2	3	4	5
资源运用	(13) 我懂得利用社会支持(朋友、咨询师)帮助自己应对代际压力	1	2	3	4	5
	(14) 我通过书籍、课程或社群学习代际创伤与家庭系统的知识	1	2	3	4	5
	(15) 当陷入代际困境时，我会使用情绪调节工具(如正念、写作)自我疏导	1	2	3	4	5

一、评分方法

除(5)题和(8)题需要反向计分外，其余题目选项即为得分；所有题目得分相加即为总分。

二、评定标准

总分≥45 分表明具备较强觉察力与突破行动力，可作为改变者角色；30～44 分表明存在认知基础，但行动不足，需加强技能训练；<3 分表明代际意识薄弱，建议通过家庭树分

析、代际访谈等活动提升觉察。

知识拓展

《也许你该找个人聊聊》

《也许你该找个人聊聊》是由美国心理治疗师洛莉·戈特利布所著的书籍。

这本书主要讲述了发生在诊室中的故事。在这个小小的密闭空间里，人们展现出最真实、最脆弱的一面，也是在这里，人们获得了陪伴和倾听，也获得了宝贵的成长与改变。书中展现了不同人在家庭、情感中遇到的困惑(如代际传递的焦虑、亲密关系中的矛盾)，语言轻松易懂，没有学术理论的晦涩，读者能通过故事产生共鸣，潜移默化地理解"家庭影响如何塑造自我"。

这不是一本教科书，而是一面照见自己的镜子。在书中，洛莉·戈特利布详细描绘了四个来访者的故事，他们各自代表了不同年龄段和面临不同心理困境的人群。其中包括一位 40 岁事业有成的制片人，痛失两位亲人后陷入痛苦；一位 33 岁的新婚大学教授，被诊断出癌症后，生命走向末路；一位 69 岁离异三次的老太太，孤独绝望，有着自杀倾向；还有一位 25 岁有着原生家庭创伤的女孩，喝酒成瘾，爱情屡次受伤。通过这四个故事，读者可以深入了解到人们在面对生活困境时的心理变化和成长过程。书中作者既是心理治疗师也是患者，她作为一位 40 多岁的单身妈妈，也遭遇了失恋和中年危机。通过她的经历，读者可以更加深入地理解心理咨询师的角色，以及他们如何帮助来访者找到真正的自己，从容面对生活中的困难。

当你焦虑保研和求职时，当你陷入情感苦闷不能自拔时，当你与父母沟通感到窒息时，你都可以在这本书里找到答案，产生共鸣："我们都在表演'我应该是谁'，却忘了'我是谁'"——这正是你刷绩点、努力实习时的灵魂拷问。这本书可以陪你走过大学时代的迷茫、心碎与成长阵痛，告诉你，你不是一个人在挣扎，你有能力书写自己的重生剧本。

代际传递突破工具页

参 考 文 献

[1]　傅小兰，张侃. 心理健康蓝皮书：中国国民心理健康发展报告(2021—2022)[M]. 北京：社会科学文献出版社，2023.

[2]　唐海波，唐睿奇. 心理危机的识别与干预[M]. 长沙：中南大学出版社，2021.

[3]　张智，幸荔芸. 高职学生心理健康教育：活页式[M]. 上海：上海交通大学出版社，2021.

[4]　黄莉，邓如涛. 心理健康教育[M]. 北京：北京出版社，2022.

[5]　卢小莲，陈传锋. 大学生心理健康教育[M]. 广州：华南理工大学出版社，2024.

[6]　彭凯平. 生活中的情绪心理学：来自内心深处的福流[M]. 北京：清华大学出版社，2024.

[7]　阿德勒. 不内耗：阿德勒自我超越之书[M]. 林一舟，译. 南京：江苏凤凰文艺出版社，2025.

[8]　格斯特. 情绪彩虹书：CBT 与艺术的轻疗愈手册[M]. 王建平，译. 北京：中国人民大学出版社，2025.

[9]　汪海燕，夏勉. 高职高专学生心理健康指导[M]. 4 版. 北京：高等教育出版社，2020.

[10]　津巴多，索德. 津巴多时间心理学[M]. 林晓萍，译. 北京：机械工业出版社，2024.

[11]　简·博克，莱诺拉·袁. 拖延心理学[M]. 蒋永强，译. 北京：中国人民大学出版社，2018.

[12]　柯维. 高效能人士的七个习惯[M]. 高新勇，译. 北京：中国青年出版社，2023.

[13]　格拉宁. 奇特的一生：柳比歇夫与他践行 56 年的时间统计法[M]. 李春雨，译. 成都：四川文艺出版社，2021.

[14]　布兰思福特. 人是如何学习的：大脑、心理、经验及学校[M]. 程可拉，译. 上海：华东师范大学出版社，2013.

[15]　纽波特. 深度工作：如何有效使用每一点脑力[M]. 宋伟，译. 南昌：江西人民出版社，2017.

[16]　奥克利. 学习之道[M]. 教育无边界字幕组，译. 北京：机械工业出版社，2016.

[17]　胡希冀，夏翠翠. 高职大学生心理健康教育：微课版[M]. 3 版. 北京：人民邮电出版社，2023.

[18]　卡耐基. 人性的弱点全集[M]. 亦言，译. 北京：中国友谊出版公司，2018.

[19]　卢森堡. 非暴力沟通[M]. 刘轶，译. 北京：华夏出版社，2021.

[20]　王允，刘晓燕. 人际沟通实训教程[M]. 2 版. 大连：东北财经大学出版社，2020.

[21]　斯滕伯格. 爱情是一个故事：斯滕伯格爱情新论[M]. 石孟磊，译. 北京：世界图书出版公司，2017.

[22]　弗兰克尔. 活出生命的意义[M]. 吕娜，译. 北京：华夏出版社，2018.

[23]　内米耶尔. 哀伤治疗：陪伴丧亲者走过幽谷之路[M]. 何丽，译. 北京：机械工业出版社，2021.

[24]　塞利格曼. 真实的幸福[M]. 洪兰，译. 沈阳：万卷出版公司，2018.

[25] 鲍尔比. 依恋三部曲第一卷：依恋[M]. 汪智艳，译. 北京：世界图书出版公司，2017.

[26] 科尔，鲍文. 家庭评估：鲍文家庭系统理论[M]. 王瑾一，译. 北京：机械工业出版社，2023.

[27] 米纽庆. 家庭与家庭治疗[M]. 谢晓健，译. 北京：商务印书馆，2009.

[28] 萨提亚. 新家庭如何塑造人[M]. 易春丽，译. 北京：世界图书出版公司，2018.

[29] 麦戈德里克，格尔森，佩特里. 家谱图：评估与干预[M]. 谢中垚，译. 北京：当代中国出版社，2021.

[30] 阿兹里. 复原力：应对压力与挫折的心理学[M]. 张瑞瑞，译. 北京：中国友谊出版公司，2021.